古代歷史文化研究輯刊

十七編

王明蓀 主編

第 15 冊

晚明中西文化的碰撞與融合
——以利瑪竇時代為中心（上）

張宗鑫 著

國家圖書館出版品預行編目資料

晚明中西文化的碰撞與融合——以利瑪竇時代為中心（上）／
張宗鑫 著 — 初版 — 新北市：花木蘭文化出版社，2017〔民
106〕
目 4+154 面；19×26 公分
（古代歷史文化研究輯刊 十七編；第 15 冊）
ISBN 978-986-404-955-4（精裝）
1. 利瑪竇（Ricci, Matteo, 1552-1610）2. 文化交流
618   106001389

ISBN-978-986-404-955-4

古代歷史文化研究輯刊
十七編　第十五冊　　　　　ISBN：978-986-404-955-4

晚明中西文化的碰撞與融合
——以利瑪竇時代為中心（上）

作　　者　張宗鑫
主　　編　王明蓀
總 編 輯　杜潔祥
副總編輯　楊嘉樂
編　　輯　許郁翎、王筑　美術編輯　陳逸婷
出　　版　花木蘭文化出版社
社　　長　高小娟
聯絡地址　235 新北市中和區中安街七二號十三樓
　　　　　電話：02-2923-1455／傳真：02-2923-1452
網　　址　http://www.huamulan.tw 信箱 hml810518@gmail.com
印　　刷　普羅文化出版廣告事業
初　　版　2017 年 3 月
全書字數　278214 字
定　　價　十七編 34 冊（精裝）台幣 68,000 元　　　版權所有・請勿翻印

晚明中西文化的碰撞與融合
——以利瑪竇時代爲中心（上）

張宗鑫　著

作者簡介

張宗鑫（1984～），男，山東聊城人，2012 年畢業於山東大學歷史系，現任職於山東師範大學，講師職稱。目前主要從事高校德育工作，現主要研究方向為中國傳統文化、公民教育等。

提　要

　　本書主要通過對利瑪竇時代中西文化交往的景象，解析晚明中西文化的碰撞與融合的獨特歷程。利瑪竇作為適應政策的集大成者，深入中國內地，在對中國傳統文化細緻觀察的基礎上，調整傳教策略，積極向儒家士人靠攏，形成了以「友道」和「書教」為主要方式的適應策略，取得了巨大成功。在利瑪竇規矩的積極引導下，中西文化進行了實質性的碰撞，涉及中西文化的各個層面。面對晚明複雜多變的文化環境，利瑪竇對中西文化作了卓有成效的調和，為中西文化在相對平等的平臺上積極對話做了開創性的探索，深刻地影響著中西雙方社會文化變革進程。利瑪竇調和儒耶，有策略地排斥佛教，對儒家思想做出一定讓步，使超越性的天主教思想更加呈現出倫理化和世俗化的一面，迎合了晚明經世致用的社會思潮，為明清之際思想文化變革注入了新的活力。同時，通過翻譯書籍，奠定了漢文西學科技原典的基礎，促使發展緩慢的中國科技積極變革，成了有別於傳統的格物窮理之學。在利瑪竇等耶穌會士積極努力下，中西方相互認知逐步加深，中西方形象呈現出多元化的趨勢。

致　謝

　　近些年，隨著國力增強，民族崛起，文化精神更加自信，對文化輸出和文明互鑒的要求更爲強烈，中西文化交流呈現出更加繁榮的局面。同時，國際形勢複雜多變，以宗教文化爲背景的各文明間的衝突不斷，愛好和平之士對全球倫理與治理的熱望持續升溫，跨文化對話與交流逐漸成爲共識。這引起了我對相關問題的興趣，作爲學術上的慕道者，惟有心懷對先賢的仰慕之情，重溫那場影響深遠的和平遠征之旅，反觀自身，尊重他者，爲當前文化自覺、和平對話與文化繁榮，盡點微薄之力。

　　猶記得七年前，帶著敬畏的心情考入山東大學，承蒙晁中辰先生不棄，讓我繼續探研明清史。經過多次討論，先生建議我對明清之際的中西文化交流作深入研究，並高屋建瓴地對該領域的相關問題做了說明，打消了我起初的畏難心理。在先生的鼓勵和悉心指導下，我著手利用各種管道收集、整理相關史料，勤於筆記，使該領域由模糊逐漸變得清晰。在答辯期間，學院多位老師給予了誠懇的批評，讓我這「半成品」的文章勉強過關，並指出了不足，拓展了我的視野，爲下一步深入修改和學習指明了方向。

　　畢業後，迫於生計，不得不改換門庭，從事與專業無關的工作，由於工作性質和時間的關係，與當初的選擇漸行漸遠。但是，每當閑暇時，翻閱讀書時積纍的材料，總有一種遺憾湧上心頭，打算重新修改一遍，彌補求學時的不足，怎奈心思難定，幾番下筆，又幾番擱置。

　　直到去年春季，於晁師處，得見楊嘉樂先生寄來的信函，意在幫助出版論文，思考再三，也便答應了下來，藉此也可補足之前的缺憾。但因放下許久，有些論題難免生疏，修改起來也著實不易，不得不在工作之餘重新梳理

資料，幸賴楊先生准允，拖延至今，方能大體完成，但距離構想仍有差距，方知學海無涯，上下求索之艱辛。

感謝多年來關心支持我學業進步的眾多師友，朝夕相處，相互砥礪。感謝那些從未謀面的老師和同仁，正是通過他們的著述，感受著他們嚴謹而治學態度和跳躍的思想火花，爲我解開了道道困惑。感謝我可敬可愛的父母，含辛茹苦，無怨無悔地支持我、理解我，每有懈怠，則心懷愧疚。感謝我的愛人魏帥女士，以及岳父岳母，不以小婿不識稼穡爲憂，時刻加以勉勵，並免除了我做家務的勞作，讓我在工作之餘，遵從自己的意願，續上前述之憾，但願這篇尚不成熟的論文能帶給他們些許寬慰。最後，特別感謝楊嘉樂先生，對本文編輯出版的辛勤付出，將拙稿付梓，省卻諸多瑣事勞頓。

遙想在大學的讀書時光，虛心靜氣，暢遊書海，而今已邁入「而立」之年。雖夙夜強學，怎奈學識有限，力有不逮，誠惶誠恐奉上拙稿，望各位方家不吝賜教，以增益其所不能。

張宗鑫

2016 年 9 月記於長清湖畔

目

次

導　論

　　晚明處於我國封建社會晚期，也是傳統社會轉型的重要轉折時期。一方面，經過明初以來一百年的積澱，各種社會因素趨於活躍，商品經濟發展，促使江南等地市鎮經濟日漸活躍，被學界視爲中國的「早期工業化」。與之相適應，思想文化也開始打破明初以來官方程朱理學壓抑下的沉悶局面。王陽明心學的出現，更強調人的主觀能動性，推動李贄、黃宗羲等人成爲批判封建專制主義的先進思想家。這一切都顯示著，16 世紀以來，傳統社會內部在經歷著一場巨大變遷。另一方面，自 15 世紀末，西方地理大發現以來，西班牙、葡萄牙等西方國家相繼來到東方，欲與明朝發展商貿關係，相伴而來的是耶穌會、方濟各會、多明我會等天主教修會，經過艱難曲折成功進入內地傳教，中西方開始相對平等地進行文化對話，思想文化科技交流日漸頻繁。從此，東西方世界眞正連成一個整體，無論對西方歷史進程，還是中國歷史發展軌跡，都刻下了深深印記。蘇東巨變後，美國哈佛大學教授撒母耳・亨廷頓拋出「文明衝突論」，使得文明、宗教間對話成爲國際社會普遍關注的話題，各個國家、文化、宗教團體都在努力尋求和推動不同文明之間的對話。可以說，隨著全球化程度日益加深，不同文明、種族乃至宗教間文化交流、共融、共存、互鑒的趨勢成爲有目共睹的事實，跨文化交流與對話也成爲世界各國的重要課題，各國政府、學者、宗教界人士等也在積極呼籲避免衝突，增進共識，和平對話。在這一大背景下，重溫晚明中西方較爲平等的對話，對我們今天的文化間交往具有重大的借鑒意義。正如張西平先生所言：「如果梳理中西文化之間的關係，非從明清間的中西對話入手不可。如果要梳理中國近代以來的文化問題，也非從這個源頭入手不可。」〔註1〕

〔註 1〕 張西平：《中國與歐洲早期宗教和哲學交流史》，北京：東方出版社，2000 年，第 3 頁。

一、學術界研究概況

對於晚明中西文化關係而言，尤其是對利瑪竇及其時代的研究，學界已經取得了豐碩的成果〔註2〕。

（一）晚明中西文化關係研究狀況

對明清中西文化關係的研究，起初是在中西交通史和天主教入華傳教史框架內展開的。自上世紀初，陳垣先生發表《元也里可溫考》後，相繼發表《基督教入華史》、《從教外典籍見明末清初之天主教》等一系列文章，後人將之結集出版《陳垣學術論文集》（上下集）（中華書局，1982年版）。方豪先生繼承陳垣先生的考證傳統，對傳教史的研究成就巨大，1948年北平上智編譯館收集了他在30、40年代發表的文章，印行了他的第一本專著《方豪文錄》，1967年著成《中國天主教史人物傳》。1969年編成《方豪六十自定稿》。張星烺先生在1930年著有《中西交通史料彙編》，在第一冊《古代中國與歐洲交通》中，收集有關明清傳教士在華活動的許多史料，還著有《歐化東漸史》，對東西文化交流做了精鍊論述。王治心先生於1948年編著《中國基督教史綱》，對入華基督教史進行了深入研究。洪業先生的《考利瑪竇世界地圖》一文發表在1936年的《禹貢》雜誌上，對當時國外對利瑪竇世界地圖的研究做了介紹，並詳細論述了自己的觀點，開拓了國內對此領域的研究。此外，尚有張維華、向達、閻宗臨、陳受頤、朱謙之等諸先生的相關研究。與此同時，國外學者研究也取得了豐碩成果，法國德禮賢編有《利瑪竇全集》，裴化行神父著有《天主教十六世紀在華傳教誌》和《利瑪竇司鐸和中國當代社會》。

新中國成立後的三十年間，由於國內外形勢的影響，國內中西關係的研究受極左思潮影響，對明清中西文化交流的評價不高，對耶穌會的作用持否定態度。最有代表性的是侯外廬，從哲學和自然科學的角度入手，認爲耶穌會士只是殖民帝國與封建宗教的先遣隊，所傳入的西方科技是落後的，但仍然肯定了徐光啓等士人學習西方科技的積極意義，與「反抗的衛道者不同」。

〔註2〕 參見：錢國權：《天主教在華傳播史的研究狀況概述》，《甘肅社會科學》，2005年第3期；陳高華：《中國海外交通史研究的回顧與展望》，《歷史研究》，1996年第1期；黃一農：《明末清初天主教傳華史研究的回顧與展望》，《新史學》1996年第七卷一期；張先清：《回顧與前瞻：20世紀中國學者之明末清初天主教傳華史研究》，載陳村富主編《宗教文化》第三輯，北京：東方出版社，1998年等等。

〔註 3〕此種研究思路影響至今，仍然有其一定的意義。何兆武認爲，「明清之際西歐的天主教傳教士雖然給中國帶來了一些知識和體系，但其傳入的仍是中世紀的神學體系，其世界觀實質上仍屬於古代與中世紀的傳統範疇，這既背離當時世界歷史的近代化趨向，也與資本主義已經萌芽、個人覺醒與解放已成當務之急的中國時勢之要求不相符合，對中國由中世紀轉入近代無益」〔註 4〕。此外，可供借鑒的有朱謙之的《中國哲學對歐洲之影響》（1950 年代修訂本），該書視角獨特，觀點新穎，搜集各種資料，詳細討論了中國文化對歐洲文藝復興和啓蒙運動的影響，爲之後的研究開闢了新的領域。

　　隨著中國改革開放的推進，中外交流活動的頻繁，相關研究局面才逐步展開，逐步擺脫左的思潮影響，認眞看待明清中西文化交流的研究，給予越來越積極的評價。張維華將明清之際中西文化交流作爲重點，對此給予了客觀公正的評價，認爲耶穌會將西方文化較爲全面地介紹到中國，對仍沉浸在四書五經中的士人無疑使一縷清風，開闊了士人的眼界，豐富了中國文化的內容。同時，中國文化也經耶穌會士傳到西方，對西方社會也有積極意義。〔註 5〕此外，以中西文化交流爲主題的著作相繼出現，成爲歷史研究的熱點。

　　與此同時的國外和港臺對此研究更加精深，代表作有法國的謝和耐，於 1982 年出版《中國和基督教》，以翔實的史料愼密的分析，認爲明末以來的天主教作爲中西文化交流的重要管道，是建立在彼此誤解基礎之上的，中西文化在根本上是不可調和的。而與之相對的是鐘鳴旦的研究《楊廷筠──明末天主教儒者》，通過對楊廷筠詳盡公平周密的研究，認爲具有高度修養的中國士大夫是能夠將基督教教義與儒家文化傳統觀念相結合的，而他的研究也爲近幾年的更多研究所充分證實。黃一農先生的《兩頭蛇：明末清初的第一代天主教徒》堪稱近年的力作，利用電子時代所提供的方便，提出了「e」考據，並對學界所忽視的明末天主教徒的進行研究，揭示了當時在倫理生存困境中的第一代天主教徒的兩難選擇。除此之外，尚有諸多著作翻譯到中國，如：鐘鳴旦《禮儀的交織──明末清初中歐文化交流中的喪葬禮》、孟德衛《1500～1800：中西方的偉大相遇》和《奇異的國度：耶穌會適應政策及漢學的起源》、柯毅霖《晚明基督論》等等。

〔註 3〕侯外盧主編《中國思想通史》第四卷。
〔註 4〕何兆武：《明末清初西學之再評價》，《學術月刊》1999 年第 1 期。
〔註 5〕張維華：《明清之際中西關係簡史》。

由上可見，晚明中西文化關係已經成為學術界研究的熱點，尤其最近幾年，相關論文更是層出不窮，但大多仍只是做概述的工作，深入研究品質高的仍然很少，相關論題有待深入研究，而資料的整理為此提供了方便，如：鐘鳴旦對西方中文文獻的整理堪稱對學界一大貢獻等〔註6〕。此外尚有鄭安德、張西平等等，為中西文化交流領域的深入研究奠定了文獻基礎。〔註7〕

（二）近些年利瑪竇及其時代研究概況

對於本文論題，為避免空泛之論，故將研究範圍鎖定在利瑪竇在華活動時期，以此為中心來考察晚明中西文化的碰撞與融合。

目前，學界對利瑪竇及其時代的研究成果相當豐富〔註8〕。國內學者除了上面所論及的成果外，近年專題研究也頗豐。孫尚揚《基督教與明末儒學》（1994年），對利瑪竇的傳教策略和儒耶之爭的關鍵問題做了論述，闡明了利瑪竇與中國士人和平對話、相互融合的機制。但也認為利瑪竇的附儒只是傳教策略的一種，利瑪竇始終無法真實地理解儒學。林金水在《利瑪竇與中國》（1996年）著作中，對利瑪竇的活動事蹟做了詳細考證，並對利瑪竇在中西方思想文化傳播的貢獻做了一一論述。並相繼發表了《利瑪竇與中國》、《利瑪竇輸入地圓學說的影響與意義》等文章對利瑪竇做了深入研究。但主要是局限在對利瑪竇交遊和影響方面，對中西文化的倫理、科技等層面未作深入考察。何俊的《西學與晚明思想的裂變》（1998年）對利瑪竇的《天主實義》做了分析，對天主教文化對晚明思想史的意義做了說明，肯定了西學對晚明社會道德重建的積極影響。沈定平《明清之際中西文化交流史——明代：調適與會通》（2001年版）詳細考察了利瑪竇適應性傳教策略的發展演變過程，並對士大夫階層西學思潮的代表人物做了個案研究，但對利瑪竇之後傳教策略的延續重視不夠。余三樂主要集中對利瑪竇國內活動和遺跡的研究，並對利瑪竇影響下的北京地區中西文化交流

〔註6〕 《徐家匯藏書樓明清天主教文獻》、《耶穌會羅馬檔案館明清天主教文獻》、《法國國家圖書館明清天主教文獻》。

〔註7〕 張西平《梵蒂岡圖書館藏明清中西文化交流史文獻叢刊》、鄭安德《明末清初耶穌會思想文獻彙編》。

〔註8〕 參見：黃時鑒：《利瑪竇世界地圖研究百年回顧》，《暨南學報》（哲學社會科學版）2006年第2期；張西平：《百年利瑪竇研究》，《世界宗教研究》2010年第3期；林金水、代國慶：《利瑪竇研究三十年》，《世界宗教研究》2010年第6期。

論述甚詳，如《早期西方傳教士與北京》（2001 年）和《中西文化交流的歷史見證：明末清初北京天主教堂》（2006 年），可見對區域文化交流史是一個研究方向。林中澤《晚明中西性倫理的相遇》（2003 年）中，通過對利瑪竇、龐迪我在華性倫理調和的實踐，認爲利瑪竇協調孝、信關係不過是傳教策略的需要，具有功利性和傾向性，期根本仍在於說明獨身主義的合理性，維護天主教神學立場。黃時鑒《利瑪竇世界地圖研究》（2004 年）綜合了國內外利瑪竇世界地圖研究成果，詳細考察了利瑪竇地圖的來源、傳播和接受情況，將科技史納入到思想史領域，爲一部集大成之作。龐乃明《明代中國人的歐洲觀》（2006 年），探討了明人歐洲觀的形成狀況，並對地理觀、宗教觀、政治觀、科技觀火器觀等分別做了分析，指出了明人歐洲觀的進步與不足。認爲利瑪竇對明人歐洲觀產生了重大影響，使部份開明士人向西方學習，但不足以扭轉當時主流思潮。可欠缺之處在於，有必要將歐洲觀與西方中國觀做比較性考察，以突顯中國歐洲觀的得失。

香港學者張錯《東西文化比較研究——利瑪竇入華及其它》（2002 年）站在比較文學研究的角度，對利瑪竇在華傳教策略多有發明，認爲利瑪竇的傳教策略帶有「高度權宜性」，可惜未能得到羅馬教廷的諒解，致使引發禮儀之爭。此外，張錯指出耶穌會士借用西方寓言故事傳教，使寓言在不同語境下發生一定變異。臺灣學者羅光對利瑪竇的研究成果頗豐，並著有《利瑪竇傳》（1983 年）。美國學者史景遷著有《利瑪竇的記憶之宮》（2005 年）選取四個漢字和四幅圖畫，透過對利瑪竇記憶之宮的分析，講述了東西方文化接觸下的利瑪竇個人際遇與命運。荷蘭學者安國風在《歐幾里得在中國：漢譯〈幾何原本〉的源流與影響》（2009 年）中，著重考察了中國士人對《幾何原本》的不同反應，他將研究視野置於更爲寬廣的明清之際社會變革大背景中，對耶穌會士的數學教育做了說明，探討了《幾何原本》翻譯中使用的版本情況，指出了翻譯中所出現的失誤，並深入分析該書對明末清初中國士人撰寫數學著作的影響，以及西方數學知識在中國的接受程度。黃正謙在《西學東漸之序章》（2010 年）中，認爲利瑪竇的思想模式和性格，並非出自歐洲文化背景一端，而是集眾多時代文化思想精粹所致。旅意華人宋黎明《神父的新裝：利瑪竇在中國》（2010 年）一書，對利瑪竇的事蹟多有考證，認爲利瑪竇的適應策略本質上是「世俗化」與「貴族化」，不利於傳教活動，並且利瑪竇的興趣在數學而非神學，故利瑪竇是一個偉大的文化人，卻是個平庸的傳教士。

意大利學者米尼尼《利瑪竇──鳳凰閣》（2012）一書，對利瑪竇的早年生活刻畫深入，充分展示了國外最新研究成果。

此外，對利瑪竇及其時代的研究論文，主要集中在利瑪竇等傳教士的生活事蹟、交遊，傳教策略，儒學觀，中文著作的分析，以及利瑪竇在中西文化交流史中的貢獻和地位等等。隨著研究中「中國中心觀」日益受到重視，對晚明時期中國天主教士人的研究越來越深入，如鐘鳴旦的《楊廷筠──明末天主教儒者》、黃一農《兩頭蛇：明末清初的第一代天主教徒》、張先清《官府、宗族與天主教：17～19世紀福安鄉村教會的歷史敘事》、蕭清和《「天會」與「吾黨」：明末清初天主教徒群體之形成與交往研究（1580～1722）》等等。

由上述研究可以看出，近幾年對晚明中西文化關係的研究，取得了重大進展，但還存在一些問題。例如，大多關注傳教策略的研究，而對傳教士漢語著作文獻的挖掘尚顯不足，對人物事蹟的考訂已經非常成熟，但對其在中國傳教的言語、行為等分析詮釋不夠。此外在利瑪竇與當時傳教士關係、耶釋衝突、政治觀念、利瑪竇對西方漢學影響以及科技觀念傳播過程等尚有可挖掘的空間。

二、史料、理論與思路

中西方文明在晚明的遭遇，開啟了兩大異質文明的實質性對話與交流。兩者之間存在怎樣的碰撞與融合，一直是學界比較關注的話題。長期以來，學界受革命史觀的影響對利瑪竇等傳教士的文化及傳教活動評價甚低，認為是西方殖民活動的一部份。近年來，對此種論調已有糾正，但受西方學界現代化理論視角的影響，又似有過於拔高之嫌，甚至有的學者認為，當時中西方進行了平等的對話，當前全球文明對話應回到其初始點。這種看法是不符合歷史實際的，儘管中國傳統社會對外來宗教和文化一直比較寬容，沒有發生過西方長期頻繁的宗教戰爭，但做為在中國社會占統治地位的儒家思想是不可能以平等態度對待外來文化的，否則佛教、基督教文化等外來文化也就用不著千方百計迎合儒家文化了。更準確的說，晚明中西方的文化交流是在相對寬容的文化氛圍下進行的一場較為和平的接觸，但絕非是平等的對話。在此之前，雙方彼此認識是十分模糊的，隨著交流的加深，雙方之間的衝突也是不可避免的，所以利瑪竇採取了易佛附儒合儒的文化適應策略，以迎合儒家士大夫階層，使得天主教在中國真正紮下根基，中西方文化也進入了實

質性接觸，西學構成了中國文化嬗變中的重要因素。因此，梳理當今中西文化關係必須回到晚明的中西文化接觸不可。

　　當前，有關利瑪竇等傳教士，以及中國奉教士人的中西方史料，得到了有效的整理。對於利瑪竇的外文文獻，集中在利瑪竇的回憶錄和書信。1983年，中華書局出版了何高濟、王遵仲、李申翻譯的《利瑪竇中國札記》，該書底本採用的是金尼閣改寫本的英文版，在大陸學界一直廣受好評。1986年，臺灣輔仁和光啓社出版了劉俊餘和王玉川翻譯的《利瑪竇全集》，首次從意大利文版翻譯了《中國傳教史》，並首次翻譯了利瑪竇的書信。但是這兩次翻譯均遭到了學者的批評，存在翻譯不準確，與史實不相符的問題。2014年，商務印書館出版了金錚翻譯，梅歐金注釋的《耶穌會與天主教進入中國史》，該書譯自意大利文版，內容上更加貼近原著，相比於臺灣輔仁版本，行文更爲流暢，有利於準確地把握利瑪竇的原意。對於利瑪竇的中文文獻，目前整理最齊全的仍屬朱維錚主編的《利瑪竇中文著譯集》，整理標點了利瑪竇的十九種作品。此外，新整理的各類天主教文獻彙編，對同時期其它傳教士，奉教士人的著作也多有發現，對深入認識此時期的中西文化關係大有助益。

　　對於中西文化關係，過去學術界將之與殖民活動相聯繫，成果很少。改革開放後，相關成果開始陸續出現，但主要是關注文化交流方面。本文著重以利瑪竇在華活動爲中心，深入研究中西文化雙向互動過程，即雙方如何相互誤解，又是如何進行化解矛盾的，對當今中西關係具有普遍的借鑒意義。對過去研究較多的儒耶關係，本文著重突出利瑪竇對儒學的通融性解釋，平等的文化態度。與研究較多的儒耶關係不同，本文力求在學界對晚明天主教與佛教關係研究的基礎上，仔細梳理相關文本，結合社會文化背景，對耶釋衝突的關鍵問題做詳細分析。此外，突出中西文化關係的雙向互動影響，中國並非被動地接受西方文化，而是經過中國士人的主動選擇與創造性地轉化。在文化吸收方面，西方對中國文化的吸納程度，甚至超過了中國對西方文化的接受。

　　本文著重從「碰撞」與「融合」入手，深入研究中西文化雙向互動的過程。因涉及的論題比較宏大，本文主要將研究集中在利瑪竇在華活動方面，以此爲個案做深入的研究。研究的基本材料爲利瑪竇的著作、書信及同時代其它相關傳教士的著作，還有當時奉教士人及其它士人的文集。對以利瑪竇爲代表的傳教士的傳教活動、思想交流及其影響進行深入分析研究，力求說

明在宗教和文化交流中，通過和平而又有策略性的交流和對話，加以創造性的融合更值得提倡。中西異質性文化之所以會發生衝突，是由於中西初識之際，相互陌生，缺乏認知，而經過逐步深入的瞭解之後，開始理性地面對對方文化的差異與相通之處，相互理解，擴大認識，逐步達到相互融合。由此可見，異質性文化的相遇，即要尊重不同文化的個性，又要積極尋求文化的共性，文化的交往是伴隨著碰撞與融合的相互認知的過程，關鍵在於雙方交往的態度，是否能尊重對方文化個性，將文化間有不協調之處，縮小到一定的範圍，在相互尊重、學習中和平共處，合和共生。

由上可以看出，選取利瑪竇時代爲個案，全面研究晚明中西文化雙向互動是極具有魅力的選題。而且，在中西文化關係史上，利瑪竇作爲最具標誌性的人物，是天主教早期在華傳播的時代縮影，深刻影響了中西文化交往的進程，各界對他的評價也越來越高，其貢獻甚至遠遠超過了馬可·波羅。在全球化多元文化對話的今天，加深對晚明中西文化關係研究具有很高的學術價值和現實意義。

三、晚明之前的中西文化關係

中西方之間的文化交流源遠流長，儘管在地理位置上，中國與歐洲位於歐亞大陸的兩端，但雙方文化交往很早就開始了。早在希羅多德（約公元前484～前422）的《歷史》一書中，就已經記載了中國的大體方位：「紀元前七世紀時，自今黑海東北偶頓河河口附近，經窩瓦河流域，北越烏拉爾山脈，自額爾齊斯河而入阿勒泰天山脈間之商路，已爲希臘人所知。」〔註9〕公元前四世紀，克泰夏斯稱中國爲「塞里斯」，他說：「據傳聞，塞里斯人和北印度人身材高大，甚至可以發現一些身材高達十三肘尺的人。他們可以長壽逾二百歲。」〔註10〕可見中西方的交往在這之前就已經存在，只是不夠準確。而中國關於歐洲的文字記錄雖然出現較晚，但秦漢以後的記載已屢見不鮮。

隋唐之後，隨著絲綢貿易的擴大以及基督宗教的二次傳入，中西方之間的認識不斷加深，並對以後雙方更大範圍的交流奠定了基礎。當時，和中國交往的歐洲國家主要是拜占庭帝國，被稱爲「拂菻」。從公元643年到742年

〔註9〕 方豪：《中西交通史》（上），上海：上海人民出版社，2008年，第44頁。
〔註10〕【法】戈岱司編：《希臘拉丁作家遠東古文獻輯錄》，耿昇譯，北京：中華書局，1987年，第1頁。

間，拜占庭帝國先後 7 次遣使至唐。而對中西交往影響最大的，要數景教在中國的傳播，開啓了中西方文化直接交往的初次嘗試。蒙元時代，隨著蒙古大軍在歐亞大陸的征服活動，元代中西文化交往全面展開。不僅有聶斯托利教派及天主教的廣爲流傳，更有中西使節的往來及雙方貿易的繁榮發展，爲中西雙方加強交往、增進認識拓寬了管道。

自明初到 16 世紀初西方殖民勢力東來，在一百多年的時期內，中西文化交流一直處於低潮，其原因是多方面的。既有國際環境的變化所致，如蒙元政權長期在北方活躍，始終是明代的一大威脅，加之中亞帝國的興起，使得傳統的路上交通大受影響，「中國與西方陸上聯絡，僅達於撒瑪律幹一帶；阿拉伯等國，則賴海道與之發生關係。其實中亞與西亞之回教國家逐漸強盛，對於歐洲各國與東方之往還，時加阻撓，終告絕跡。」〔註 11〕並且此時歐洲動盪不安，黑死病的餘續，教皇危機不斷，也使得歐洲忙於應付內部危機，而對華商貿、傳教活動也後勁不足。但更重要的應是明初對外政策的調整，爲中西交流式微的一大原因。在明初中西交往式微的大背景下，天主教、景教等隨著蒙元勢力退往大漠，暫時退出中國內地，只在邊疆地區留有遺存。〔註12〕而留在內地的西方教派，比如猶太教，則面臨著新的選擇，逐漸融入中國儒家文化中。

縱觀晚明之前的中西文化關係，具有以下特點：

從交往時間上，時斷時續，受政治局勢影響大。晚明之前的中西方文化交往，大致上是分爲三個時期，即秦漢時期，隋唐以及宋元時期，這三個時期均是處於統一的大帝國階段，國內政局穩定，中西方交往的通道較爲暢通，有利於雙方派遣使節，互通往來。而當中國處於分裂時期，中西交往則受到阻礙，不利於雙方持續開展商貿文化交往。比如，貞觀九年（635），聶斯托利教派的阿羅本來到長安，受到唐太宗的禮遇，並派宰相房玄齡親自迎接。而當時景教之所以能傳入中國，與官方的扶持密不可分。唐太宗稱讚景教教義並扶植其建寺，除了其教義可以「密濟群生」外，畢竟是有其政治上的考慮的，陳垣在對與景教密切關聯的火祆教的研究中指出：「唐代之尊榮火祆教，頗類似於清人之尊榮黃教，建祠設宮，歲時奉祀，實欲招來西域，並非

<hr>

〔註11〕方豪：《中西交通史》（下），上海人民出版社，2008 年，第 447 頁。
〔註12〕希都日古：《關於明代蒙古人的宗教信仰》，見《中國邊疆史地研究》，2006
　　　　年第 3 期。

出自本心。」〔註13〕景教也莫不由此。在皇權的蔭蔽下，景教獲得許多殊榮，逐漸走向興盛。唐太宗曾命將自己的畫像懸掛於大秦寺，唐高宗時，更是「法流十道」、「寺滿百城」，「肅宗在靈武等五郡重立教堂，朝廷命在教堂內摹繪帝像；玄宗命寧國等五王到教堂行禮；天寶初年，又命大將軍高力士以太宗、高宗、睿宗、中宗、玄宗五帝的寫眞，送到教堂內安置；一些教士並獲得封號，賜紫袈裟；此外，又有賜天香、頒御等榮寵。若干教堂的匾額，亦出於御題；教士又曾奉旨在興慶宮修功德」。〔註14〕但是，唐安史之亂後，唐王朝財政危機不斷，不得不改變政策，緊縮開支。在此背景下，唐武宗五年（845）「上惡僧尼耗蠹天下，欲去之，道士趙歸眞等復勸之，乃先毀山野招提、蘭若。敕上都、東都兩街各留二寺，每寺留僧三十人……餘僧及尼並大秦穆護、祆僧皆勒歸俗，寺非應留者，立期令所在毀撤，仍遣御史分道督之。財貨田產並沒官，寺材以葺公廨驛舍，銅像、鍾磬以鑄錢。」〔註15〕景教也遭受波及，「天下毀寺四千六百、招提蘭若四萬，籍僧尼爲民二十六萬五千人，奴婢十五萬人，田數千萬頃，大秦穆護、祆二千餘人」。〔註16〕從此景教在內地幾近滅絕。

從空間分佈上，局限於政治經濟中心。在中西文化交往中，直接受益的均是在絲綢之路沿線區域，比如西域諸鎮、泉州等地，而最終形成結果均是在政治中心，比如長安、開封、大都等地。這主要得益於絲綢之路便利的商貿交通，集聚了豐富的物質和文化資源，有利於雙方開展文化接觸。而作爲政治中心的各代都城，更是西方派遣使節的目的地，也是西方傳教士利用政治資源，迅速取得傳教成果的象徵區域，這使得文化交往帶有明顯的政治依附性。如元代景教的分佈較爲廣泛，張星烺先生在對全國景教教堂做了一番統計後，認爲「以上所言諸地，或在由北京出居庸關，經大同、河套、寧夏、涼州、肅州、嘉峪關往西域之路途間，或在由北京沿運河南下，溯錢塘江，過仙霞嶺，下閩江，經福州而至泉州，由泉州泛洋往海外諸國之路途間，歐

〔註13〕陳垣：《陳垣史學論著選·火祆教入中國考》，上海：上海人民出版社，1981年，第 120 頁。

〔註14〕方豪：《中國天主教史人物傳》上冊，中華書局，1997 年，第 8 頁。

〔註15〕司馬光：《資治通鑒·唐紀》卷二四八，北京：中華書局，1956 年，第 8015～8016 頁。

〔註16〕歐陽修：《新唐書》卷五十二食貨志二，北京：中華書局，1975 年，第 1361頁。

洲人元時來中國，或返歐洲，皆必經此二道也」。〔註17〕可見當時景教分佈區域的廣大以及勢力的興盛。但缺乏深厚的群眾基礎，使之不能紮根於中國文化土壤。元代基督宗教教徒的成分十分複雜，有信奉聶斯托利派的突厥人、阿拉伯人、波斯人和中國西北少數民族，也有信仰東正教的阿蘭人、亞美尼亞人，更有信奉天主教方濟各會的西歐人，但基本是在波斯人、色目人和蒙古人等族群中傳播，在中國內地沒有多大影響，使其外來宗教的色彩更加濃厚。實際上，元代基督教徒大多是僑寓戶，比如元代泉州的教堂是一位亞美尼亞婦人捐獻修建的。蒙高維諾傳教的重點也是限於蒙古族中。可見其傳教的重心仍然是在少數民族中進行，而對漢地的影響是極為有限的，致使其在中國難以得到其它當地教派的認同。

　　從交往內容上，物質感官大於精神滲透。中西雙方延續千年的交往，雙方最大的感官則在於物質層面，對於精神的和知識上的認知，始終停留在較為淺顯的層次。羅馬帝國稱中國為「塞里斯」。所謂塞里斯人，是所有生產和販賣絲綢的人的總稱，它泛指很多民族，而不只是對絲綢故鄉中國人的專稱。即便到了馬可‧波羅時，也是集中對中國的經濟、商業和道路狀況做了記錄，正如學者所指出的：「其中關於地方特產、商店市場、貿易方式、物價稅率、貨幣折算及金銀比價等等記事，甚至比當時中國的某些文人的記述更為詳細和具體。這不僅表現了他對商業的特殊興趣，而且表明他具有豐富的商業知識和在中國從事商業的實際經歷。書中較多涉及的珍珠、寶石、香料、鹽業等等，都是元代色目商人所經營的行業，可能也是波羅一家經營過的行業。」〔註18〕

　　從交往程度上，呈現出逐步加深趨勢。雙方交往，起初只是長途商貿往來，直到隋唐時期，宗教勢力才開始逐漸進入中國，但交往的程度上逐步加深。有關記載表明，絲綢貿易初期，西方人對中國的認識還是相當模糊的，如認為有關絲織物的原料係採集於樹葉上纖細羊毛〔註19〕。隨著中西方絲綢貿易的發展，特別是海上絲路的開闢，西方人對中國才有了比較明確的地理概念。成書於公元 1 世紀的《厄立特里亞海航行記》，對此曾記載說：「過了

〔註17〕張星烺編：《中西交通史料彙編》第一冊，北京：中華書局，2003 年，第 304 頁。

〔註18〕蔡美彪：《試論馬可波羅在中國》，載《中國社會科學》，1992 年第 2 期。

〔註19〕【法】戈岱司編：《希臘拉丁作家遠東古文獻輯錄》，耿昇譯，北京：中華書局，1987 年，第 1〜4 頁。

這地方，在這國家的內地，有一極大城名秦尼，由陸路經拔克托利亞。而至巴釐加薩，又經恒河而到里姆利亞……。」〔註20〕對西方與中國貿易關係作了比較準確的概述。之後的托勒密時代，在《地理志》一書中，轉述了馬其頓商人馬埃斯・蒂蒂亞諾斯的遊記，並增添了數學化色彩，對塞里斯城市的經緯度、實際距離和行程時間做了標明。〔註21〕這說明歐洲對中國的認識已經有了更大的進步。隨著蒙古大軍的西征漸漸擴大，當時中國人對歐洲的觀念和印象，有了比較清晰的地理概念。由於拔都的兩次西征，使當時人對中歐有了大致的瞭解。《元史・速不臺傳》曾提及匈牙利：「經哈咂里山，功馬絮兒部主怯憐……甲辰，遂會於也只裏河。」其中，怯憐即爲匈牙利國王的稱號，並提到了歐洲的禿納河（今多瑙河）、馬茶城（今布達佩斯）。此外，元人對帝國境內的基督宗教，雖然在教理方面尚未有深入的理解，但已經有了一定的感官認知。如對十字架如此描述：「取像人生，揭於屋，繪於殿，冠於首，佩於胸。四方上下，以是爲準。」一般普通百姓對也里可溫教是十分好奇的，如當時在中國的主教蒙高維諾曾感歎道：「城內居民以及他處之人，從未聞有教堂者，來見教堂屋宇奐新，紅十字架高立屋頂，又聞余在室內唱歌，皆訝異萬分，不明何謂。當余等唱歌時，大汗陛下在宮內亦得聞之。異教徒見此奇事，皆四方傳告。」〔註22〕可見，當時中西方之間認識之錯位仍然存在，但中國的西方形象正逐步清晰。

從互動關係上，單向度交往比較明顯，缺乏文化互動驅動力。除了商貿上互通有無，在文化上，雙方則是始終缺乏吸引力，這和晚明之前雙方文化形態有莫大關係。對於中國文化來說，漢代儒學取得了官方意識形態的地位，雖說中古時期經受了佛教文化的挑戰，但儒學一直是歷代統治者治國理政的根本文化資源。兩宋時期，理學興起，元代時程朱理學被認可並取得了官方正統地位，明初建國，朱元璋更是明確程朱理學作爲官方學說，進行禮治教化。自此，中國文化基本形成了以儒學爲核心，以道教、佛教文化爲輔助的文化結構，具有超強的包容性。此外，晚明之前的宋明理學尚處於發展時期，並未顯露出其固有的弊端，直到晚明時期，面臨內憂外患、天崩地裂的時代

〔註20〕 方豪：《中西交通史》，上海：上海人民出版社，2008年，第127頁。
〔註21〕 【法】戈岱司編：《希臘拉丁作家遠東古文獻輯錄》，耿昇譯，北京：中華書局，1987年，第19～25頁。
〔註22〕 張星烺：《中西交通史料彙編》第一冊，北京：中華書局，2003年，第225頁。

變局，中國士人才意識到中國文化的痼疾，反省自身文化缺陷，發現西學的價值。而西方，則處於中世紀晚期，文藝復興的前夜，自西羅馬帝國崩潰之後，天主教在西歐社會經濟、文化生活中日益佔據著舉足輕重的地位，經院神學作爲西歐封建社會的統治學說，對歐洲社會進行愚民教化，滲透到了社會生活的方方面面。這種內斂的、超越現實的精神生活，限制了西歐社會的發展活力。直至中世紀晚期市民階層崛起，推動著文藝復興運動，才使得對異質性文化有了極大的需求。

唐・曼努埃爾時期又成爲皇室教臣的創始人，但同時又是食糖和奴隸的貿易商，海上掠私活動的庇護人」。〔註3〕1415年，亨利王子率軍攻下摩洛哥的休達港，以此爲基地，多次組織由海員、商人和傳教士組成的海上遠征隊，沿非洲近海海岸線南下，掠奪非洲奴隸、象牙，揭開了葡萄牙海外擴張的序幕。15世紀20、30年代，馬德拉群島和亞述爾群島分別被佔領，1434年越過危險的馬伽多角。1488年迪亞士到達好望角，使葡萄牙的航海事業有了重大飛躍。1497年，達・伽馬在國王曼努埃爾一世的支持下，到達印度西海岸，換回東方貨物滿載而歸。之後，在印度西海岸，建立了多處有戰略意義的貿易據點，控制了印度洋的制海權。1510年，葡軍佔領了印度西海岸的港口果阿，將它建成了葡萄牙控制印度洋貿易的海軍基地和東方殖民的首府，也成爲日後天主教東方傳教的基地。自此，葡萄牙擴張的第一步完滿實現，即尋找生產香料的東印度群島，壟斷東西方香料貿易。

　　葡萄牙擴張的第二階段即是與中國開展直接貿易。爲了更多地瞭解中國，1508年，曼努埃爾國王就派人搜集有關「秦人」的信息，「你必須探明有關秦人的情況，他們來自何方？路途有多遠？他們何時到麻六甲或他們進行貿易的其它地方？帶來些什麼貨物？他們的船每年來多少艘？他們的形式和大小如何？他們是否在來的當年就回國？他們在麻六甲或其它任何國家是否有代理商或商站？他們是富商嗎？他們是懦弱的還是強悍的？他們有無武器或火炮？他們穿著什麼樣的衣服？他們的身體是否高大？還有其它一切有關他們的情況。他們是基督教徒還是異教徒？他們的國家大嗎？國內是否不止一個國王？是否有不尊奉他們的法律和信仰的摩爾人或其它任何民族和他們一道居住？還有，倘若他們不是基督教徒，那麼他們信奉的是什麼？崇拜的是什麼？他們遵守的是什麼樣的風俗習慣？他們的國王擴展到什麼地方？與哪些國家爲鄰？」〔註4〕可見，葡萄牙的東方擴張是爲了「香料和上帝」雙重目的的。1511年，葡萄牙攻佔東西方貿易戰略要地麻六甲。1517年，葡王曼努埃爾派遣托梅・皮雷斯出使中國，開始了同中國的首次正式接觸。

　　1517年6月17日，費爾南・佩雷斯率領一支由8艘裝備精良的船隊滿載胡椒等貨物，由麻六甲起航前往中國廣州，同行的還有葡王特使托梅・皮雷

〔註3〕桑貴伊・蘇布拉馬尼亞姆：《葡萄牙帝國在亞洲》，何吉賢譯，澳門：紀念葡萄牙發現事業澳門地區委員會，1997年，第61頁。
〔註4〕張天澤：《中葡早期通商史》，香港：中華書局，1988年，第36頁。

斯。8 月 15 日，船隊到達屯門，遭遇明朝水軍。他們聲稱自己是佛郎機使團，要求覲見正德皇帝。9 月底獲准前往廣州，在懷遠驛前拋錨停泊，皮雷斯按照西方禮節鳴放禮炮，升起本國旗幟，引起廣州居民的恐慌，日「頭目遠迎，俱不跪拜」，被誤以爲尋釁滋事。兩廣總督陳金「將通事責治二十棍」，並讓其「去光孝寺習禮三日方見」。〔註 5〕但葡萄牙人對地方官員大肆賄賂，起到了意想不到的作用，「該船隊於 1517 年駛入中國的海灣。外國的龐大船隻和船員的面目，引起了疑懼，但他們的溫和舉止，特別是船隊指揮官送給帝國巡船官員的慷慨禮物，贏得了信任」。〔註 6〕准許上岸居留貿易。在居留期間，費爾南·佩雷斯一方面把所帶貨物報官抽分進行交易，一方面搜集廣州的各方面資料，瞭解中國信息。1518 年 9 月底，使團受到熱病侵襲，而停留在屯門的船隻遭到海盜襲擊，費爾南·佩雷斯決定率船隊，滿載榮譽和財貨返回麻六甲港，而托梅·皮雷斯因沒有完成出使任務繼續留下來尋求新的覲見途徑。1520 年，皮雷斯一行再次利用行賄手段，離開廣東前往南京，其中火者亞三攀附在幸臣江彬門下，覲見明武宗，得到寵信。1521 年 1 月，隨武宗到北京，但隨著武宗晏駕，火者亞三因勾結江彬被處死，皮雷斯也被迫返回廣州，其出使中國也黯然收場。儘管這次接觸沒有達成貿易協定，但中葡實現了直接通商，擴大貿易的機會。

　　但是，正當皮雷斯準備回國之際，因受到駐紮屯門船隊暴行的牽連，成爲中葡衝突的犧牲品，使外交失敗進一步上升爲軍事衝突。當時，費爾南·佩雷斯返回麻六甲，備受禮遇的信息大大激勵了那裏的葡萄牙人，1519 年 4 月，費爾南的兄弟西芒·佩雷斯奉葡王命令，從柯欽前往廣東，並帶有大量商品進行貿易，8 月抵達屯門。西芒一改其兄與當地官民友好交往的做法，蠻橫無理，缺乏靈活的策略，尤爲嚴重的是，不顧明朝法律，勾結中國商人，從事搶劫和販賣奴隸等非法活動，並在屯門建立石木結構的要塞，架設火炮，「他們不願遵從中國的命令，想在中國發動戰爭，燒殺擄掠這個國家，在那裏做了許多壞事」。〔註 7〕這激起了廣東官員的抗議，御史邱道隆、何鼇分別上疏，力主驅逐葡萄牙人。正值前麻六甲國王之子端·默罕默德也在北京，

〔註 5〕 顧應祥：《敬虛齋惜陰錄》卷十二：雜論三，續四庫全書本，第 511 頁。

〔註 6〕 【瑞典】龍思泰：《早期澳門史》，吳義雄等譯，北京：東方出版社，1997 年，第 2 頁。

〔註 7〕 《印度古物志》卷 30，第 435 頁。轉引自張天澤：《中葡早期通商史》，香港：中華書局，1988 年，第 69 頁。

他歷數葡萄牙在麻六甲的罪行，希望明朝幫助復國，而明武宗對海外擴張無甚興趣，對之敷衍了事。正德十六年（1521 年）三月丙寅，明武宗去世，按照中國禮儀，一切外夷必須離境，但西芒因爲貿易問題尚未解決，加之態度傲慢，拒絕離境。4月，西芒集結 5 艘葡萄牙船隻在屯門進行貿易。面對葡萄牙的挑釁，明庭嚴格執行海禁政策，決心以武力驅逐。廣東提刑按察使汪鋐，調集戰船 50 艘，向葡船形成半月型包圍，採用火攻大敗葡軍，迫使葡人逃回麻六甲。屯門之戰是中國和近代西方殖民國家的第一次軍事衝突，雖以中方勝利告終，但也使明朝認識到蜈蚣船和佛郎機銃等西方火器的威力，開始大力引進推廣西器。在屯門之戰的消息到達里斯本之前，葡王已派遣瑪律廷‧科廷奧出使中國，謀求簽訂和平條約，在屯門建立要塞。1522 年 7 月，使團抵達珠江口，在香山縣西草灣，遭到明備倭指揮柯容的截擊，經過反覆較量，葡軍不得不接受失敗的事實，直到 1541 年，葡萄牙罕有在廣東沿海冒險的經歷。

　　屯門之戰後，明庭漸漸加強了海禁，而 1523 年發生的日本爭貢事件，更使明朝嚴行海禁。葡萄牙在廣東沿海失利後，轉向閩浙一帶，從事走私貿易，與日本和中國海商相互支持，共同對抗嘉靖朝的海禁政策。嘉靖二十六年（1547）年，明庭任命南贛巡撫朱執爲右副都御使巡視浙江、提督浙閩海防軍務，厲行海禁。次年，成功搗毀雙嶼港的海盜堡壘，追擊到福建廈門灣一帶，經走馬溪一戰，將中外海盜殲滅殆盡。葡人到處碰壁，轉而折回廣東，改變對抗策略，委託其它國家商人做代理，前往廣州貿易，或在附近海面從事走私貿易。嘉靖三十二年（1553）葡人賄賂廣東海道副使汪柏，藉口晾曬貨物，正式獲准在澳門暫住。嘉靖三十五年（1556）年，葡萄牙中葡貿易船隊隊長索薩向路易士親王詳細報告了他與汪柏訂立的「和平協定」。萬明將書信概括成三項內容：第一，索薩的接洽是爲了進入中國從事貿易，並非進駐澳門；第二，葡萄牙交涉的重點在於減少關稅，而汪柏在沒有皇帝的意旨下並沒有給予正式的答覆；第三，葡萄牙是因爲改變了名稱才得以和中國進行貿易。〔註8〕而從書信內容看，中國傾向於按照朝貢關係禮遇葡人，葡萄牙顯然已經開始入鄉隨俗，按照中國禮儀辦事：「我頗受禮遇。一上船抽稅的官員已被提名榮升海道。登船抽分一切正常，毫無不軌，人人入鄉隨俗。中國乃禮儀之邦。我好生接待了他們，美味佳餚、禮品餽贈。他們暗中收下了贈禮，

〔註8〕萬明：《中葡早期關係史》，北京：社會科學出版社，2000 年，第 80～81 頁。

因爲受禮罪名難當。他們非常仔細,再三追問我是否爲商首,是否受陛下之遣。若係陛下差使之人,請示陛下的印記,讓他們一睹爲快。得到滿意答覆後,他們認定我是陛下派遣的首領,從此對我畢恭畢敬,客氣有加。」〔註9〕

　　澳門開埠後,人口不斷增多,葡人勢力日漸壯大,嘉靖四十一年(1562)年,澳門人口有 800 人,其中中國籍 200 多人,到四十二年(1563)年猛增到 5000 人,中國人占 4100 人。〔註10〕於是,明庭開始完善澳門的管理機制。嘉靖四十三年(1564),龐尙鵬上《陳末議以保海隅萬世治安疏》,提到了當時朝臣對澳門的幾條意見。費成康將其概括爲:第一,用石塡塞入澳水道,杜絕葡船;第二,縱火燒其居,以散其黨;第三,在澳門和大陸之間,設置關卡,使華人不得擅入,夷人不得擅出。〔註11〕兩廣總督採取的是第三條意見,設置守澳官員,加強治安防範,對葡船徵收舶稅。守澳官主要是指提調、備倭和巡緝等行署長官,軍事性質是十分明顯的。但卻標誌著明庭對澳門葡人管理政策的初步形成,其後中葡關係逐漸穩定下來,葡萄牙在中國終於站穩腳跟,開始了以澳門爲中心,連接多條國際貿易航線的東西方貿易,也爲日後天主教入華奠定了良好的基礎。

二、西班牙的東方戰略

　　在 15 世紀中葉,伊比利亞半島上的卡斯提拉王國和阿拉岡王國不斷兼併,結束了長期戰亂的局面,兩國聯姻合併成統一的西班牙王國,並於 1492 年收復了摩爾人統治下的格拉納達,最終將穆斯林勢力完全驅逐出伊比利亞半島,成爲統一的民族國家。

　　與此同時,西班牙也進行著海外探險活動,開拓海外殖民地,以增加王室收入。1492 年,意大利航海家哥倫佈在伊薩貝拉女王的資助下,尋找通往印度的新航線,並被授予海軍上將軍銜,封爲「新發現土地」的世襲總督。哥倫布往西航行直到中美洲的巴哈馬群島,誤以爲已經到達印度,之後哥倫布又進行了三次航海探險,發現美洲大片陸地。西班牙殖民者緊隨其後,在拉美大部份地區建立了殖民統治。受葡萄牙東方貿易的刺激,1518 年,西班

〔註9〕 金國平:《西方澳門史料選粹(15～16 世紀)》,廣州:廣東人民出版社,2005 年,第 221 頁。
〔註10〕 黃啓臣:《澳門通史》,廣州:廣東教育出版社,1999 年,第 9 頁。
〔註11〕 費成康:《澳門:葡萄牙逐步佔領的歷史回顧》,上海社會科學院出版社,第 26～27 頁。

牙國王查理一世又資助葡萄牙航海家麥哲倫進行環球航行計劃，以開闢從歐洲西行繞過美洲，橫渡太平洋到達東方香料之國——摩鹿加群島的遠洋航線。1521 年 3 月麥哲倫按照路線到達菲律賓群島，因捲入土著居民爭鬥身亡，隨行船員繼續西行，1522 年 9 月 6 日滿載香料抵達西班牙。至此，麥哲倫船隊完成了世界首次環球航行，不僅僅證實了「地圓說」，更極大地刺激了西班牙的東方擴張野心。

但西班牙的海外擴張勢必會影響到葡萄牙的利益，尤其兩國都試圖在東方建立殖民地時，衝突在所難免。1494 年 6 月 7 日，在羅馬教皇亞歷山大六世的調解下，西葡兩國簽署了瓜分世界的《托爾德西拉斯條約》，規定在佛德角群島以西 370 里格處，從北極到南極劃一條分界線，即「教皇子午線」，子午線以東殖民地歸葡萄牙開發，以西歸西班牙經營。當西班牙派遣麥哲倫航隊到達摩鹿加群島時，土地歸屬再次引起爭議。1529 年，兩國爲解決東方殖民地糾紛，簽訂了《薩拉戈薩條約》，在摩鹿加群島以東 17 度劃一條分界線，以東屬於西班牙，以西歸葡萄牙。但是，該條約對兩國並沒有多少限制。此後西班牙多次派遣遠征軍到葡萄牙領地進行殖民活動，並於 1571 年，佔領馬尼拉，將菲律賓建成爲東方擴張的堡壘。

西班牙經營菲律賓殖民地，不僅想與葡萄牙分享東方香料貿易，更重要的目的在於，以菲律賓爲基地，進而打開中國封閉的大門，改變東方人的信仰。1569 年 6 月 8 日，安德雷斯・德・米蘭朵拉在寫給西班牙國王菲力浦二世的信中自信地說：「……在您在位的時候，中國將會隸屬於陛下，基督教將在這個地區傳播和高舉，陛下的領域將會擴張，這一切都在一個很短的期間內實現。」〔註12〕但是，由於菲力浦二世正忙於對付尼德蘭獨立運動等歐洲事務，加上駐菲律賓的西班牙人根基未穩，面對葡萄牙人的進攻威脅，故沒有輕舉妄動。更重要的是西班牙對明朝基本情況並不清楚，只是從事初步的中國海岸探險活動，從往返於中國大陸和呂宋的中國人中探聽虛實。正當西班牙毫無進展時，1574 年 11 月，饒平海盜林鳳受官軍圍剿，逃亡菲律賓，企圖佔領作爲安身之地，卻被西班牙人圍困於呂宋西岸的彭加斯蘭。4 月，潮州把總王望高率中國戰艦追擊至彭加斯蘭，得到菲律賓總督拉維紮列斯的善待，雙方達成協議，西班牙人幫助王望高抓獲林鳳，王望高則答應帶西班牙

〔註12〕陳臺民：《中菲關係與菲律賓華僑》第一冊，香港：朝陽出版社，1985 年，第58 頁。

使者到福建，其中包括奧古斯丁會修士馬丁‧德‧拉達。總督指示使團，請求中國官方劃定福建的一個港口供雙方貿易，但遭到福建巡撫林堯海的委婉拒絕。10 月底，西班牙使團返回馬尼拉，西班牙的貿易之請不了了之。

　　1580 年，西葡兩國合併，西班牙的海外殖民對心大爲狂熱。1584 年，菲律賓的澳門代理商羅曼寫道:「頂多用 5000 名西班牙士兵，就可征服這個國家（中國），或者至少可征服沿海各省。」〔註 13〕1586 年 4 月，駐馬尼拉的西班牙政治、軍事、宗教人士舉行代表會議，商討征服中國的問題。與會者完全贊同征服中國的計劃，並向皇家殖民地理事會提交了一份備忘錄，派遣傳教士桑切斯專程前往西班牙，將決議上報西班牙國王並作口頭補充。該計劃旨在提出征服中國的詳細計劃，包括組建一支 1 萬人左右的遠征軍、進攻時機、武器、宣傳策略等。〔註 14〕但是，菲力浦二世正忙於應付英國的海上威脅，1588 年西班牙無敵艦隊遭到英軍的毀滅性打擊，西班牙海上霸權從此走向衰落。同時，西班牙受到日本豐臣秀吉的威嚇，派「修好使」到日本報聘。〔註 15〕從此，深陷困境的西班牙對中國態度發生明顯轉變，專注於以菲律賓爲基地，吸引中國商民到馬尼拉進行商貿往來。當時明朝已開放海禁，「從福建漳州月港起航至馬尼拉的商船，滿載絲綢、瓷器和其它日用品，公元 1588年達 46 艘，公元 1609～1612 年每年平均 37.2 艘。中國商船在各國駛往馬尼拉的商船中，占壓倒優勢，有時全部的進港商船全部來自中國。再從馬尼拉海關每年對中國貨物徵收的進出稅來看，每年平均都占該港進出口稅總額的50％以上。到 17 世紀初，每年高達 80％，最高年份（公元 1641～1642）竟達 92.06％，貿易額超過百萬比索。」〔註 16〕在東亞的中西交往中，以白銀爲貨幣的國際貿易網已經初步形成，並使得大量白銀經西班牙貿易流入中國。據全漢昇研究，「在西班牙人到達菲律賓二百年後的 1765 年，有一西班牙官員指出，過去自美洲運到菲律賓的銀子超過二萬萬公元，然而當日仍然留在菲律賓的只有八十萬公元，毫無疑問，這些白銀大部份都流到中國去了。另

〔註 13〕赫德遜:《歐洲與中國》，李申、王遵仲、張毅譯，北京:中華書局，1995 年，第 212 頁。

〔註 14〕陳臺民:《中菲關係與菲律賓華僑》第一冊，香港:朝陽出版社，1985 年，第163～186 頁。

〔註 15〕馮作民:《西洋全史》第九冊:歐洲擴張史，臺北:燕京文化事業股份有限公司，1975 年，第 449 頁。

〔註 16〕陳炎:《海上絲綢之路與中外文化交流》，北京:北京大學出版社，1996 年，第 213 頁。

外有一估計，從 1571 年至 1822 年，前後 250 年，自美洲運到菲律賓的銀子共約四萬萬公元，其中有二分之一流入中國，但這項估計可能仍然偏低。」〔註17〕如此巨額的白銀對晚明中國社會變遷產生了深遠影響，使得中國捲入全球資本市場，中國再也難以孤立於世界獨自存在，在這一全球化初啓的大背景下，中西之間深層次的文化交流也即全面展開。之後，方濟各會和多明我會以菲律賓爲跳板，向中國內地傳教，成爲中西文化交往的重要組成部份。

由上可見，西方國家初來東方，大多抱有軍事征服的目的，實現武力壓迫和統治，這是不利於中西方正常交往的，而事實也證明，西方國家當時也不具備武力征服的實力。隨著對中國認識的不斷深化，西方國家開始擺脫武力征服的幻想，開展正常的商貿活動，這爲文化的友好交往營造了良好的氛圍。

第二節　天主教在東方的傳播

十六世紀天主教的東方傳播是歷史發展的必然。在中世紀晚期，由於商品經濟的發展，資本主義萌芽在西歐和地中海沿岸一些地區發展起來，嚴重侵蝕著西歐的封建制度。而西歐社會貴金屬和物產匱乏，促使西歐的商人、高利貸和探險家嚮往東方財富，推動他們遠征東方以攫取財富。西班牙和葡萄牙成爲海外探險和殖民地開拓的急先鋒，天主教教士也廣泛參與其間，「天主教會與殖民者、殖民者與殖民者之間，那種既相互配合和支持，又彼此競爭與傾軋的複雜關係。這種複雜關係也將隨著傳教士進入中國，而成爲影響中西文化交流全域的不可忽視的因素」。〔註18〕

一、宗教改革與天主教復興運動

中世紀晚期的歐洲社會，教會仍在精神文化，乃至國家治理方面發揮著舉足輕重的作用。而在文藝復興運動的衝擊下，民族意識開始覺醒，近代科學和思想也開始擺脫神學枷鎖，在古典先哲的思想中尋找人文主義的價值觀念，漸漸將自己從神學的附庸地位中解放出來。整個社會彌漫著要求教會改

〔註17〕全漢昇：《明清經濟史研究》，臺北：聯經出版事業公司，1987 年，第 21 頁。
〔註18〕沈定平：《明清之際中西文化交流史》，北京：商務印書館，2007 年，第 84 頁。

－23－

革的呼聲，其直接原因在於教會自身的腐敗。當時，許多教士不學無術，文化水準低下，缺乏足夠的宗教知識和履行職責的能力，尤爲嚴重的是，相當數量的教士違背獨身的誓言，公開蓄妾。此時，修道院的紀律也鬆懈下來，很多修道院成爲淫蕩和放縱的場所，至於酗酒、鬥毆、出入妓院等行爲史是屢見不鮮。作爲培養虔誠宗教信仰的贖罪券，也成爲教皇聚斂財富的手段，被大肆出售，教皇權威備受質疑。1517 年，馬丁·路德首先揭開反叛的旗幟，對教會出售贖罪券的行爲進行抨擊，並與同時代的加爾文分別領導了宗教改革運動，其影響擴展至整個歐洲，沉重打擊了天主教在歐洲的統治。

天主教教會爲了與新教的改革運動相抗衡，擺脫被分裂的困境，發動了一場自上而下的內部改革運動。1534 年，教皇保羅三世上臺，標誌著天主教會改革拉開序幕。保羅三世即位後，提拔有改革思想的人進入樞機主教團，對教會內部的修會運動大加扶持，其中就包括耶穌會。同時，他積極奔走於各天主教國家，呼籲召開公會，解決內部份歧，挽救天主教會。1545 年，在德意志境內靠近羅馬的小城特倫特，召開了第十九屆公會，前後共舉行了二十五次會議，直到 1563 年底才閉幕。該公會頒佈了各項法令，觸及到教會生活的各個方面，特別是決議了不少有關神學教義方面的問題。1555 年，保羅四世即位，開始整頓腐敗的教會財政系統，建立了由 60 位教皇代表組成的委員會掌管教會的改革事宜，嚴格限制聖職授受，清除兼職行爲，整肅羅馬的道德風紀，嚴令主教返回自己的教區等等。尤爲矚目的是，建立宗教裁判所，將火刑柱遍佈羅馬，懲罰「異端」。大規模的禁書運動也開始，並制定了禁書書目，嚴格審查出版書籍。這一政策爲之後的庇護五世所繼承。特倫特公會議所達成的一系列妥協，結束了 15 世紀以來的公會議危機，鞏固了教皇權威，重塑了教皇在天主教精神之源的地位。這次會議後，無論從個人修養還是道德上，教皇都是善良虔誠的人，將信仰和教會事務作爲關注點，使社會風氣也爲之一變，「與文藝復興時期的羅馬相比，現在的羅馬更莊重、更遵守教規，現在的教皇一般而論生活嚴肅，有宗教熱忱，爲天主教奮發工作」。〔註 19〕

教會改革帶動了天主教的復興。在特倫特公會上，通過對信仰的界定，天主教會有了明確的信仰綱領，認識到將信仰綱領貫徹到廣大基督教信徒中，破除民眾信仰的混亂狀態，是教會立足於西歐社會的必要條件。由此，

〔註 19〕【美】威利斯頓·沃爾克：《基督教會史》，孫善玲、段琦等譯，北京：中國社會科學出版社，1992 年，第 481 頁。

在教會整頓內部紀律和道德規範的同時，一場在民眾中貫徹特倫特信綱的運動也拉開了帷幕。當時，西歐民眾在天主教信仰上的無知和功利化趨向，對天主教改革造成了潛在威脅，這使得天主教會面臨著一次對信徒進行「再基督教化」的艱巨任務。「再基督教化」，就是用經過特倫特會議重新界定的天主教信仰，剔除民眾中存在的異端成分和迷信思想，改變大眾對天主教信仰的無知狀態。在當時教派鬥爭日趨複雜的形勢下，這對提高天主教信仰的地位具有十分現實的意義。此外，教會利用多種形式塑造天主教信徒的身份，例如，規範天主教豐富的儀式體系，將教徒對宗教的虔誠限定在天主教的信仰框架內，從而提升教徒對天主教信仰的明確感知。而更重要的是，教會更重視印刷業的發展和對教育事業的扶植，以增進信徒對信仰知識的理解。在天主教「再基督教化」運動的衝擊下，大眾信仰被壓縮到了微小的層面，文藝復興的奢華逐漸褪去，人們的信仰生活變得虔誠且莊重。「佛羅倫斯市民對一切健壯的儀表堂堂的人的喜愛已經過去，人們又看中一個個是否虔誠，是否願意為教會服務。上層社會人士不再穿彩色、華麗的衣服，幾乎所有人看上去都像修士，都穿戴輪狀縐領的嚴肅、緊身的衣服。」〔註20〕

與教皇改革相適應，新的修會相繼成立，它們更注重信仰的虔誠、道德生活的嚴肅，以及對現實社會深切的關注和積極參與。針對當時人們對教會道德敗壞的指責，新修會還制定了嚴格的規章制度。成立於 1524 年的西廷斯，其成員嚴格遵守三大宗教誓約：絕貧、絕色、絕意，要求第一批入會者放棄自己的世俗財產，積極參加布道活動。該修會的創始人卡拉發和卡耶坦，都是教會改革的積極鼓吹者，更重要的是「該組織還培養了大批主教，成為羅馬教會的中堅力量」。〔註21〕類似的新修會也相繼建立起來，1592 年嘉布遣修會（Capucchins）；1530 年索瑪斯克修會（Somasch）；1530 年俄爾蘇林修女會（Ursuline）；1540 年的耶穌會（Jesuits）等等。受西廷斯修會的精神薰陶，早期的修會創立者之間保持著廣泛而頻繁的聯繫，存在有很大的相似性。此外，他們都是在教皇或教會高級神職人員的直接支持下建立起來的，新修會都忠於羅馬教會，服從教皇和教廷的指揮，因此，新修會還獲得了不同程度的豁免權。如巴拿巴修會從教皇保羅三世那裏獲得了免除主教權威的特權，儘管

〔註20〕【英】恩‧貢布里希：《簡明世界史：從遠古到現代》，張榮呂譯，桂林：廣西師範大學出版社 2003 年，第 261 頁。
〔註21〕朱孝遠：《近代歐洲的興起》，上海：學林出版社，1997 年，第 317 頁。

特倫特公會對豁免權持否定態度，要求將修會組織納入主教的管轄權下，但複雜的社會環境和修會自身靈活的傳教功能，客觀上要求新修會必須具有一定的組織和行動自由。新修會的陸續增加和傳教活動的不斷擴大，在教會內部產生了很大的影響力，也促使天主教教會加速改革。

二、耶穌會的建立

天主教的復興運動，「在促使一切擺脫羅馬的地區或國家重新皈依正統教會方面，沒有一個機構發揮的作用比耶穌會更大」。〔註22〕

耶穌會，是西班牙人依納爵‧羅耀拉於 1534 年在巴黎創立，1540 年獲得教皇保羅三世的批准。作爲歷史上最有影響的修會之一，耶穌會擁有「耶穌連隊」之稱，而這與羅耀拉本人有著莫大關聯。英國哲學家羅素在評價羅耀拉和耶穌會的關係時說道：「羅耀拉原先當過軍人，他的教團是照軍隊榜樣建立的；對總會長必須無條件服從，每一個耶穌會員應當認爲自己正從事異端的戰鬥。他們有紀律、精明強幹、徹底獻身於事業、善於宣傳。⋯⋯他們信自由意志，反對預定說。得救不是僅仗信仰做到的，而靠信仰和功德雙方面。」〔註23〕在此基礎上，羅耀拉努力「尋求創立一種新型的宗教秩序，將人文主義的精神財富與經過改革的、將對強大的經濟、政治階層具有吸引力的天主教融爲一體」。〔註24〕與以往修會不同，耶穌會具有自身的特點：

第一，耶穌會具有很強的變通革新意識。中世紀的修會有著共同的生活方式，要求修士們統一著裝，按期參加共同日課，遠離城鎮，在某個固定的修道院居留，過集體生活。但耶穌會並沒有採納傳統的方式，對共同參加日課和統一著裝也未做嚴格的規定。「耶穌會的目標並不是在固定的修院過集體生活，而是要將會士派往四面八方，修會因此可以靈活有效地派遣會士擔任各項工作，比如作傳教士、中學教師、大學教授和科學家完成教會或政治使命，或作爲宮廷告解神父。修會在分配工作時還充分重視人的個性，做到人盡其才。靈活機動性的特點給修會注入了異乎尋常的活力，會士們隨時整裝

〔註22〕 【美】莫爾：《基督教簡史》，郭舜平譯，北京：商務印書館，1981 年，第 265～266 頁。

〔註23〕 【英】羅素：《西方哲學史》下卷，何兆武、李約瑟譯，北京：商務印書館，1977 年，第 42 頁。

〔註24〕 【美】馬文‧佩里：《西方文明史》上卷，胡萬里等譯，北京：商務印書館，1991 年，第 431 頁。

待發，接受各種艱難使命。」〔註25〕正因此，利瑪竇在處理中國傳教問題上，表現出很大的靈活性，諸如著儒服、說華語等，積極與中國士人進行對話，改變起初到處碰壁的局面，天主教也比較穩健地在中國紮根。

第二，耶穌會重視教育，提高教士的人文素養。耶穌會十分注重會士的人文素養，在文藝復興的薰陶下，不僅將個人的宗教體認與靈修生活相結合，創造了獨具特色的《神操》，還更加重視培養修士的知識和科學素養。《耶穌會會憲》就規定，會士「除了生活的模範外，還需要知識和發表知識的方法；所以修士在接受考驗後，看來已在犧牲自己和德行所需要的進步上奠定了相當的基礎，便當研究學問及其運用的方法……爲此本會擁有學院以及大學或公學，凡在會院受考驗表現良好，但對本會所需要的學識尚未完成者，能對學問及其它協助人靈的方法接受教育。」〔註26〕爲了培養忠於本會的會士，耶穌會積極投入辦學活動，1548 年，在墨西拿成立第一所耶穌會學校。特倫特公會後，教會加大了對教育的投入，在教俗各方的支持下，耶穌會教育家納代爾（Nadal）制定了墨西拿計劃（1548～1551）以及後來耶穌會的「教學計劃」，由此耶穌會辦學活動在整個天主教世界轟轟烈烈地展開。在意大利羅耀拉就建有 17 所，西班牙到 1556 年擁有 18 所，神聖羅馬帝國到 1619 年夜達到了 16 所。「整個耶穌會在 1580 年共有學校 144 所，1599 年 245 所，其中 200 所在歐洲。1608 年，世界各地的學校共有 293 所，其中 28 所在海外，265 所在歐洲。1626 年學校的總數已增至 444 所。」〔註27〕

耶穌會開辦的大學，一般只有人文科學系和神學系，法律和醫學系歸世俗大學開設。耶穌會學校的新穎之處在於，它系統地講授希臘羅馬文明以來的非基督教哲學家和作家的著作。根據耶穌會學校的課程安排，人文科學系的學生有三年時間是學習人文學科的，一年學習人性哲學，兩年時間學習修辭學，而後則學習哲學。第一年專攻邏輯學，尤其關注「共相」和認識問題。並學習物理學，規定每天學習一個小時的歐式幾何學，然後開始學習地理學、製圖學、天文學、機械學。最後才開始學習形而上學，但他們主要研習亞里斯多德和阿奎那的著作。神學系的學生則主要學習阿奎那的經院神學和實證

〔註25〕【德】彼得·克勞斯·哈特曼：《耶穌會簡史》，谷裕譯，北京：宗教文化出版社，2003 年，第 13 頁。
〔註26〕侯景文譯：《耶穌會會憲》，臺北：光啓出版社，1976 年，第 107 頁。
〔註27〕【德】彼得·克勞斯·哈特曼：《耶穌會簡史》，谷裕譯，北京：宗教文化出版社，2003 年，第 29 頁。

神學，以及辯論神學、決疑論、教會法和聖經學，並過有節制的靈修生活，做到理論與實踐相結合。因此，高品質的學校教育，使耶穌會士不僅對天主教神學系統有著充分理解，也在科學文化素養上具有很高的水準，這有力地推動了耶穌會傳教事業的擴展。

第三，耶穌會重視海外傳教，積極建立一個全球性的修會組織。

耶穌會在建立之初，就將傳教事業與海外殖民結合在一起，藉此推行海外傳教，擴大耶穌會的生存空間，鞏固教皇權威。《耶穌會會憲》就規定：「我們的使命是奔赴世界每一個角落；哪裏更希望有人爲天主效勞，哪裏的靈魂更期望得到幫助，我們就生活在那裏。」〔註 28〕而這與羅耀拉本人的經歷有關。羅耀拉出身貴族，年輕時做過騎士，1521 年參加龐柏羅納圍城戰，多年的戎馬生涯，使他將軍隊紀律和服從原則帶進耶穌會制度的創建中，而這完全體現在耶穌會士對教宗的服從上。耶穌會士在入會就宣誓：「我們特宣誓，我們將堅決執行羅馬教皇制定的關於發展精神和傳播信仰的決議，無論是現在還是將來，我們將竭盡我們所能，決不尋找任何託辭或藉口，義無反顧地受派奔赴所有教區——無論是前往土耳其或其它異教之地，甚至是所謂的印度地區，還是前往信奉旁門左道的人群中，不管是其忠實的信徒之中。」〔註 29〕這種極端的服從曾被人攻擊爲「僵屍般的服從」，但正是這種對教宗權威的絕對服從，順應了天主教復興的大趨勢，得到了教皇的肯定和偏愛。

在挑選海外傳教的會士時，耶穌會規定有五條標準：對要求更大體力的事，要派遣更健壯的；對危險更多的地區，要派遣在德行上鍛鍊有素而更可信賴的；爲同管理身靈的明哲之士去辦事的人，明智且長於應付的人更適合，且要儀表堂堂，這能增加權威；爲應付精明強幹及思維敏捷的文學之士，派遣天賦較高和對文學有特長的人；爲一般民眾更合適的人選，是具有講道及聽告解的才能的人。〔註 30〕這保證了派往海外的耶穌會士，在各方面都具有優良的品質，以應對海外傳教的複雜形勢，便於耶穌會士採取更爲靈活的策略來適應不同地區的需要。

此外，耶穌會的全球性也體現在會員的構成上，可以說「傳教區的耶穌

〔註 28〕 【德】彼得‧克勞斯‧哈特曼：《耶穌會簡史》，谷裕譯，北京：宗教文化出版社，2003 年，第 12 頁。

〔註 29〕 【美】史景遷：《利瑪竇的記憶之宮：當西方遇到東方》，陳恒、梅義徵譯，上海遠東出版社，2005 年，第 141 頁。

〔註 30〕 侯景文譯：《耶穌會會憲》，臺北：光啓出版社，1976 年，第 191～192 頁。

會士則是眞正國際性的神職隊伍。比如在中國，一同工作的就有來自意大利、法蘭西、尼德蘭、德意志、奧地利和葡萄牙的耶穌會士；在日本，到對基督徒開始進行血腥迫害之前，一同工作的除歐洲耶穌會士外，還有日本本土的會士；在西屬巴拉圭傳教省，即所謂的『耶穌會國』中，除了西籍和西籍後裔的美洲人之外，還有意大利籍、尼德蘭籍、英格蘭籍、德意志籍、奧地利籍、波西米亞籍和匈牙利籍的會士。直到 18 世紀，那裏仍有 20％～25％的神父來自德語國家。這種國際性在今天看來十分具有前瞻性」。〔註31〕

第四，耶穌會的傳教策略更爲靈活。

耶穌會在異教國家布道，採取了較爲靈活的適應策略，使耶穌會因地制宜地調整傳教政策，從而提供了全新的宗教對話模式。而這集中體現在羅耀拉身上，「我們應把適應的精神應歸功於耶穌會創始人依納爵·羅耀拉。榮耀唯歸天主的原則強調的是：只有一個絕對者，即榮耀的天主，除此之外的一切都與這個絕對者有關。依納爵把這一設想轉入耶穌會的培養計劃和生活方式，他也提出明確的指導，使這一方法能適用於傳教，他依據的格言是：不是要他們必須像我們而是相反。」〔註32〕正是在羅耀拉的感染下，耶穌會在不同國家居民中取得了佳績。正如哈特曼所闡述的：「正式傳教以前，神父們通常要學習所在地區或他們將要照顧的人群的語言，除了全心全意學習語言，他們還需要深入瞭解傳教地區的文化和宗教，考慮怎麼把福音的傳講與當地已有的文化和宗教完美地結合起來，比如：印第安人敬拜大地之母，傳教士們便利用聖母瑪利亞來代替大地之母，這樣就便於印第安人接受天主教信仰。在文化發達地區，比如在中國、日本、印度，耶穌會士們則著當地服裝，因爲這樣才能更好地適應當地情況，更容易融入當地社會、階層、等級或種姓制度。」〔註33〕

三、西、葡保教權之爭

隨著天主教在歐洲的復興，耶穌會等修會在海外的發展，正處於殖民擴

〔註31〕【德】彼得·克勞斯·哈特曼：《耶穌會簡史》，谷裕譯，北京：宗教文化出版社，2003 年，第 15 頁。

〔註32〕【意】柯毅霖：《晚明基督論》，王志成、思竹、汪建達譯，成都：四川人民出版社，1999 年，第 46 頁。

〔註33〕【德】彼得·克勞斯·哈特曼：《耶穌會簡史》，谷裕譯，北京：宗教文化出版社，2003 年，第 39 頁。

張時期的西葡兩國，在「保教權」上面臨著糾紛。「保教權」其實由來已久，早在教會發展初期，因召集信徒幫助修建各種宗教設施，賜予他們各種特權作爲回報。到中世紀晚期，這種特權已經衰落，但隨著葡萄牙航海事業的發展得以復興，並成爲歐洲殖民國家瓜分世界的代名詞。葡萄牙遠東保教權是通過教皇一系列訓諭形成的，15 世紀初到 1480 年間的訓諭，基本上奠定了葡萄牙保教權的內容，主要包括教皇馬丁五世（Martin V，1417～1431）於 1418 年 4 月 4 日、1418 年 7 月 3 日、1420 年 11 月 24 日分別頒佈的《獨裁的君主》訓諭、《主日的民衆》訓諭、《極其忠誠》訓諭，教皇尼古拉五世（Nicholas V，1447～1455）在 1452 年 6 月 18 日和 1455 年 1 月 8 日分別頒佈的《相反的方向》訓諭以及《羅馬教皇》訓諭、1456 年 3 月 13 日教皇加里斯圖斯三世（Calistus III，1455～1458）的《劃子午線爲界》訓諭。這些教皇訓諭，是教皇給予葡萄牙海外發現的鼓勵。憑藉教皇訓諭，葡萄牙在其殖民地內有權行使領土佔有權、貿易壟斷權和傳教權等，如遭到他國侵犯，將會受到包括開除教籍在內的嚴厲懲罰。

1480 年以後，西班牙開始崛起，並與葡萄牙在海外殖民擴張上產生爭端。在海外擴張中，根據通行的「誰發現、誰佔有」法則，落後於葡萄牙也即意味著將會失去對東方香料貿易的佔有。自 15 世紀 20 年代到 1480 年《阿爾卡蘇瓦什條約》的簽訂，雙方在大西洋上展開了激烈爭奪，西班牙迫使葡萄牙瓜分大西洋。15 世紀 80 年代後，西班牙日漸統一，這使西班牙成爲教皇復興天主教的依賴對象。西班牙國王不僅在羅馬教廷中的地位得到了很大提高，對國內教會的控制也日趨嚴密，而且在海外擴張方面，更得到了亞歷山大六世的關照。1493 年他按照西班牙國王根據哥倫布意見所提出的一系列要求，陸續發表了 4 個聖諭，每一聖諭逐次加強和擴充前一聖諭的規定，以使西班牙在和葡萄牙競爭中處於有利地位，確保西班牙對「遠東」的發現和佔有權。

面對西班牙的崛起，葡萄牙開始意識到必須明確保教權的勢力範圍，捍衛海外殖民利益。1481 年，教皇西科斯特四世頒佈《不朽的國王》訓諭，將葡萄牙的發現權利擴展到印度洋。1493 年，亞歷山大六世頒佈《相互共存》訓諭，劃定了著名的教皇子午線，但是該訓諭明顯偏向西班牙，教皇將哥倫佈在大西洋西方朝向印度方向所發現陸地和島嶼的主權，以及其它在該方向尚未被發現的陸地、海島主權，一併授予西班牙國王。1494 年，西葡再次簽署《托爾德西拉斯條約》，葡萄牙保留了通往印度的眞正航道。1508 年，教皇

朱利阿斯二世授予葡萄牙國王「在海外佔有地區有建築教堂、提議官員人選、封賜主教座堂、建立學院、修院和其它宗教設施的權利」。〔註34〕1516 年，教皇利奧十世發佈訓諭，各國在印度不能任命主教，不得進行傳教，從而確立了葡萄牙在印度的保教權。

　　然而，隨著麥哲倫船隊環球航行，1521 年抵達馬魯古群島，為西班牙開闢了一條往西通往香料群島的航線，這對葡萄牙的亞歐香料貿易產生巨大的衝擊，引起了東半球的保教權之爭。從 1521 年到 1529 年間，雙方為確立在東半球的殖民統治展開了艱苦的談判，西班牙國王多次派遣遠征軍前往菲律賓和香料群島，從事發現和佔領事業，欲通過軍事佔領使遠東利益合法化。1529 年，雙方簽署《薩拉戈薩條約》，將馬魯古群島以東 17 度經線，作為葡西在東半球的分界線。1530 年教皇克萊芒七世批准了該條約，進一步明確了葡萄牙的勢力範圍，為其最終獲取遠東保教權奠定了政治基礎。1534 年，教皇保羅三世宣佈在印度果阿成立主教區，葡萄牙國王有權向教皇提出主教及神職人員人選。至此，葡萄牙遠東保教權正式確立。

　　但西班牙也毫不示弱。自 16 世紀中葉，西班牙逐步佔領了菲律賓，大力發展教會勢力，直接觸發了西葡兩國政府之間的較量。根據《薩拉戈薩條約》，葡萄牙認為西班牙侵犯其遠東的保教權，並在 1565～1570 年間，多次派戰艦前往菲律賓群島驅逐，但都是以失敗告終。在政治、軍事鬥爭無效的情況下，1576 年葡萄牙設立澳門教區，力圖將西班牙人的活動限定在馬尼拉。但是西班牙國王根據「誰發現、誰佔有」的原則，聲稱對菲律賓的主權佔領。1579 年，教皇在馬尼拉設立主教轄區，隸屬於西屬墨西哥大主教區。這對葡萄牙的遠東保教權是一個沉重打擊，也使西班牙得以獨霸菲律賓群島的政治及宗教事務。

　　到此為止，西葡兩國保教權之爭尚停留在政府層面。1580 年，隨著西葡兩國合併，保教權之爭也發生了變化，即菲律賓的托缽修會與耶穌會之間的鬥爭，其焦點即圍繞中國和日本而展開。

　　與西葡殖民路線相對應的是，前往東方傳教路線分為兩條：其一為里斯本（葡萄牙）——果阿——澳門；其一為馬德里（西班牙）——墨西哥——馬尼拉。耶穌會士主要通過前者進入中國和日本，而方濟各會和多明我會的修士則沿後一路線傳教。以 1633 年為分水嶺，方濟各會和多明我會進入福建，

〔註34〕顧衛民：《中國天主教編年史》，上海書店出版社，2003 年，第 51 頁。

西班牙托缽修會眞正突破了葡萄牙遠東保教權，得以進入中國內地傳教。前期主要是西班牙托缽修會以菲律賓爲基地，加緊向中國內地滲透，先後在1579、1582和1587年三次嘗試進入中國，都以失敗而告終。〔註35〕此外，多明我會士曾經八次從馬尼拉進入中國。但西班牙托缽修會的努力都遭到失敗，而這與澳門葡萄牙當局和耶穌會的阻撓有關。「他們害怕西班牙人的到來會擾亂他們已經同廣州建立起來的定期貿易往來，所以葡萄牙人散佈西班牙傳教士是『間諜』以及他們『身後有一支艦隊要來佔領中國』等不實之詞，目的是要引起中國當局的關注，將他們驅逐出境。」〔註36〕耶穌會更害怕在中國出現一個與之相競爭的西班牙托缽修會，以防止打破其在中國傳教的壟斷局面。1585年，耶穌會遠東視察員范禮安強烈要求教廷下令，宣佈禁止耶穌會之外的其它修會進入日本和中國。〔註37〕但這遭到西班牙菲力浦二世的強烈不滿，向教皇表示抗議。教皇迫於壓力，1608年宣佈，托缽修會前往遠東可不必經里斯本，這使西班牙傳教士徹底擺脫了葡萄牙遠東保教權的種種限制，最終托缽修會選擇了馬尼拉——臺灣——福建的傳教路線。1633年，多明我會士黎玉範神父和方濟各會士利安當神父經臺灣到達福建傳教，意味著托缽修會打破了耶穌會在中國傳教的壟斷權。之後，西班牙在華教會勢力日益壯大，這使存在於耶穌會內部的禮儀爭論，上升爲各修會之間的分歧，爲以後的禮儀之爭埋下了隱患。

西班牙托缽修會，不僅對中國的保教權展開爭奪，還將日本作爲雙方角逐的舞臺。按照協議，日本屬於葡萄牙遠東保教權範圍，故耶穌會士較早對日本進行傳教，但西班牙托缽修會也從未放棄進入日本傳教的努力。1584年，西班牙方濟各會率先登陸日本。1587年，由於耶穌會士遭到豐臣秀吉驅逐，方濟各會趁機擴大了傳教範圍，這自然得到了西班牙王室的支持，以作爲將對日貿易納入馬尼拉控制之下的重要步驟。隨著馬尼拉和日本貿易順利開展，西班牙教會勢力大爲發展，多明我會和奧古斯丁會也相繼進入日本。他們都表示不承認耶穌會在日本的傳教特權，也不承認日本

〔註35〕 崔維孝：《明清之際西班牙方濟各會在華傳教研究》，北京：中華書局，2006年，第36～37頁。

〔註36〕 崔維孝：《明清之際西班牙方濟各會在華傳教研究》，北京：中華書局，2006年，第75頁。

〔註37〕 【美】鄧恩著：《從利瑪竇到湯若望》，余三樂譯，上海古籍出版社，2003年，第213頁。

主教的權威，要求將日本主教納入馬尼拉大主教的管轄下。「托缽修士們和馬尼拉的西班牙人將一切視爲己物，其中包括日本航海權，如果有可能，還想將澳門從我們手中奪去，將中國與日本的主教從果阿大主教職上分離，置於馬尼拉大主教屬下。他們還想使日本與中國的修道院、住院、諸修道會也從屬於馬尼拉各修道會高位聖職者們之下。甚至將這一地區的貿易從葡萄牙人手中奪去，成爲馬尼拉的囊中之物。眾所周知，以此爲目的的計劃自古以來就有了。」〔註38〕

隨著西班牙方濟各會地位的提高，他們狂妄地提出多種針對修改日本主教區劃分的辦法，以便使本會在與耶穌會的競爭中處於有利地位，甚至不遺餘力地攻擊耶穌會的文化適應政策。西班牙托缽修士作爲後來者，在不瞭解日本文化的情況下，不僅完全不聽取早已在日本傳教多年、具有一定成功經驗的葡系耶穌會的合理建議，而且還因充滿敵意的競爭意識魯莽行事。他們全然不顧虎視眈眈的幕府武士，大張旗鼓地設立會館，開辦醫院，走街串巷地四處活動，並公開與葡系耶穌會爭奪信徒。這一切都嚴重牴觸了日本傳統文化，引來了日本民眾的反感和統治者的恐慌，最終導致天主教在17世紀30年代被驅逐出日本。一度令歐洲各界引以爲豪的日本教會，就這樣斷送在了葡、西傳教修會的權力衝突中。

可見，文化的衝突大多受到政治利益紛爭的影響，以致於人們誤認爲中西文化之間本質上是不相容的，這種認識必須改變。祛除文化交往上的政治訴求，讓文化往來回歸理性，相互諒解，擴大共識，方是和合共生的最佳路徑。

第三節　早期耶穌會士進入中國的嘗試

在西、葡保教權的支持下，肩負天主教復興的各修會積極投入到海外傳教中。明中後期入華的西方各修會，包括耶穌會、方濟各會、多明我會、奧古斯丁會等，但占主導地位的是耶穌會士，因此，耶穌會在該時期的傳教活動，基本代表了當時天主教在中國傳播的整體面貌。1541年，教皇保羅三世正式批准了耶穌會，次年，耶穌會總會長羅耀拉就派遣其好友、耶穌會的創始人之一的沙勿略前往東方傳教，拉開了耶穌會士進入中國的序幕。

〔註38〕戚印平：《遠東耶穌會史研究》，北京：中華書局，2007年，第519頁。

一、沙勿略入華的嘗試

　　沙勿略對華傳教的設想並不是一開始就明瞭的，而是貫穿在他整個東方傳教的實踐中，是他長期探索的結果。戚印平將沙勿略的傳教策略稱為「沙勿略方針」，〔註39〕這一傳教方針，對耶穌會成功進入中國傳教起到了指導作用，利瑪竇曾評價這位前輩：「為了對這次傳教的創始者和發起人以及對這次遠征的本身公正起見，我們的敘述必須從方濟各・沙勿略這個名字開始。最初的想法和實現它的最早的努力都是他的，他的死亡和葬禮導致了傳教的最後成功，這一情況證明他對創業者和奠基者的稱號是當之無愧的。」〔註40〕雖然他沒能進入中國，但卻奠定了耶穌會士入華的基礎。

　　早在 1546 年，沙勿略就開始瞭解中國。5 月 10 日，沙勿略在安汶島寄給歐洲耶穌會士的信中說：「滿剌加有一葡商，新從名為支那的大國歸來。某中國朝中顯貴，遇葡商，曾問及基督教友是否吃素？中國縉紳之所以問及此事，因他在中國某山中，曾目睹多數人離群索居，舉行不少宗教儀式，並禁吃豬肉。這些人可能是奉行梅瑟古教教規的基督教友，或者是『若望長老』的教友，或者是猶太教徒，或許不過是大家傳說的伊斯蘭教徒。……許多人認為宗徒多默曾到中國，收過不少人信教。又說：葡人未來東方以前，東正教會亦曾派若干主教前往中國，訪問聖多默和他的門徒所招收的教友。……其中一位主教曾自稱是葡人東征印度時來自印度的，當地主教曾告訴他：聖多默到過中國，並曾有不少中國人信教。」〔註41〕這很可能是沙勿略關於中國的最初記錄，其間談及了使徒多默東方傳教的傳說，更激發了沙勿略對中國的嚮往。

　　1547 年底，沙勿略在麻六甲遇見彌次郎，對中國有了更進一步的瞭解，開始將中國納入耶穌會士傳教的視野。1548 年 1 月 20 日，沙勿略剛返回印度果阿，在寫給羅耀拉信中說：「從歐洲派往異教徒土地傳播福音者，應具有優秀的品德。他們會被派遣到對於基督教而言不可缺少的地方，例如摩洛加（群島）、中國、日本或其它地方。他們或有人相伴，或不得不單獨行事。根據同信送給你的有關中國、日本及其居民的記述，尊師會很容易明白從事這些工

〔註39〕戚印平：《日本早期耶穌會史研究》，北京：商務印書館，2003 年，第 126 頁。

〔註40〕利瑪竇、金尼閣：《利瑪竇中國札記》，何高濟、王遵仲、李申譯，北京：中華書局，1983 年，第 127 頁。

〔註41〕方豪：《中國天主教史人物傳》（上），北京：中華書局，1988 年，第 44 頁。

作需要怎樣的人。」〔註 42〕可見，對中國傳教的醞釀已經開始了，在其傳教序列中，中國是先於日本的。

1548 年，沙勿略從商人手中得到關於中國的情報，編輯成報告，遞交給了印度總督加爾西亞〔註 43〕。信中詳細描述了中國各個方面，此時的沙勿略已經十分熟稔中國的國情，儘管其間摻雜了一些海外葡商的道聽途說，但對中國的基本判斷是可靠的。

1551 年底，沙勿略匆忙離開日本，在返回印度處理教會事務途中，突然決定準備開教中國。很多學者認爲這是受日本傳教經驗影響，如利瑪竇曾論及其中的緣由時說：「當聖沙威・方濟（沙勿略）在日本給偶像崇拜者傳教的時候，他觀察到：每次在辯論中理窮辭乏的時候，日本人認爲如果基督教會果然是唯一的眞教，一定爲聰明的中國人所熟悉並接受。沙威・方濟當時就決定必須盡早訪問中國，使中國人離棄迷信，歸順基督，中國人歸順基督以後，把基督的福音從中國傳到日本，就更容易被日本人所接受。」〔註 44〕可見在利瑪竇眼中，沙勿略傳教中國的決心來自日本經驗，而無論故事本身是否眞實，日本人的質疑大大激勵著耶穌會士，並成爲傳教實踐中的常識。戚印平先生對此提出質疑，認爲：「沙勿略前往日本的眞正目的，是利用中日兩國頻繁往來的傳統聯繫，尋找進入中國的其它途徑；或者說，鑒於中日兩國的文化關係與宗教淵源，沙勿略有意將日本作爲一個試驗田，想通過在日本的傳教實踐，摸索出合適於中國、或可資參照的傳教模式。」〔註 45〕但利瑪竇之論也並非空穴來風，當沙勿略從日本返回印度時，就曾說道：「日本現行教派，無一不來自中國；中國一旦接受眞道，日本必起而追隨，放棄現行各教。」考慮到當時東亞政治環境，當沙勿略前往東亞傳教時，中葡關係跌到了最低點，並在 1548～1549 年相繼發生軍事衝突，沙勿略即使有進入中國傳教的打算，也不敢冒著殉教的危險，只能轉向日本，更何況當時有彌次郎等日本人伴隨左右，有利於沙勿略開展傳教活動。而日本的傳教經驗也增加了

〔註 42〕　岸野久：《沙勿略的中國情報與傳教設想》，載《基督教研究》第 23 輯，第 284
　　　　　頁。
〔註 43〕　【葡】費爾南・門德斯・平托等著：《葡萄牙在華見聞錄：十六世紀手稿》，
　　　　　王鎖英譯，海南：海南出版社，1998 年，第 3～7 頁。
〔註 44〕　利瑪竇：《利瑪竇中國傳教史》（上冊），臺北：光啓出版社，1986 年，第 99
　　　　　頁。
〔註 45〕　戚印平：《遠東耶穌會史研究》，北京：中華書局，2007 年，第 73 頁。

沙勿略傳教中國的信心，在寄給羅耀拉的信中，沙勿略對中國格外讚美，表達了盡快傳教的迫切心情：「中國面積至為廣闊，奉公守法，政治清明，全國統於一尊，人民無不服從，國家富強。凡國計民生所需者，無不具備，且極充裕。中國人聰明好學，尚仁義，重倫常，長於政治，孜孜求知，不殆不倦。中日兩國，一衣帶水，相距甚近。中國人為白色人種，不蓄鬚，眼眶細小，胸襟豁達，忠厚溫良，國內無戰事。如印度方面無所牽制，希望今年能前往中國。」〔註46〕沙勿略顯然帶有理想主義色彩，他對中國的褒獎一半來自於傳教過程中的各種傳聞，一半來自於歐洲混亂局勢的異域想像，這激發了沙勿略傳教中國的狂熱。

但是，一件偶然事件成為促使沙勿略決定準備入華傳教的重要原因。我們注意到，沙勿略離開日本的時間是 1551 年 11 月 15 日，在這之前的 10 月 14 日被囚於廣州的葡人洛佩斯傳出信件，向當時在上川島葡商佩雷拉求救，信中說：「……我的兄弟，我要再說的是，如果我主上帝通過這些途徑中的任何一種帶領你們進入（中國）納稅，那麼你們該感到，人們也可以說你們是幸運的。如果佩雷拉先生決定這樣做，他一定會因為營救親友而被封為聖人。如果有什麼途徑可以與柯枝的葡萄牙人聯絡的話，請告訴他們佩雷拉在（上川）港，他決定這樣做，他們就會絕處逢生，他們會不惜一切。即便是老僕人查韋斯也不會丟下不管。請佩雷拉先生及所有前往那裏的人將此事視為己任。我要確切地告訴你，如果你們以任何一種途徑提出放人的要求，將會得到滿足。為此原因廣東政府已對他們發話說，你們可以放心來納稅並要求釋放他們，為此已將他們集中在一起。」〔註47〕而沙勿略在 12 月返回印度途中經過上川島，與佩雷拉見過面，由此可見，這件事情儘管是偶發事件，但為沙勿略前往中國傳教提供了機會。

於是，沙勿略與佩雷拉商議進入中國的方法，「由於佩雷拉和與他一起來的商人們瞭解中國的事情，所以沙勿略神父向他們說明了自己的意圖，與他們商量實現這一意圖最恰當的方法。大家的意見是：最有效的手段也許是由印度副王派遣帶有高價禮物的正式使節，前往中國國王那裏，葡萄牙國王的名義再次表明友好。如果這樣，神父就可以和這位使節一起前往國王的宮廷，

〔註46〕方豪：《中國天主教史人物傳》，北京：中華書局，1988 年，第 45 頁。
〔註47〕沙勿略：《沙勿略文集》，第 671～672 頁，轉引自金國平、吳志良：《東西望洋》，澳門：澳門成人教育學會，2002 年，第 378～379 頁。

並有可能獲得滯留在其國內的許可以及講演神聖福音的自由。被逮捕的葡萄牙人也希望如此。然而,這只是使交涉陷入困難境地的原因之一,實行這樣的計劃必須有大量的金錢。」〔註48〕這樣,身爲富商的佩雷拉出資,並出任正式使節,同沙勿略一同前往。當時,印度當局給使團的任務是解救被關押的葡萄牙商人,而傳教任務則秘而不宣,1552 年 4 月 8 日,沙勿略寄給葡萄牙國王的信中曾表示:「向中國君王及中國人民,宣傳天主聖意,勸中國全國人民信主。函中又請求葡王促耶穌會明年多派神父東來,勿派助理修士,亦勿派專門從事講道的神父。沙勿略一再說明中日兩國需要飽經風霜、意志堅強的神父;又因中日兩國人民,博學好問,愼思明辨,需要學術修養高深,筆談流利而長於撰述的神父,不徒善辯而已。」〔註49〕可見,沙勿略已經萌生了學術傳教的中國計劃。但沙勿略的中國計劃,也有著時代的局限性,金國平先生曾評述道:「所謂的『中國計劃』實質上是『精神征服中國』的計劃。我們知道,在西方地理大發現過程中,『軍事征服』與『精神征服』是並行不悖、相輔相成的。在中國,從 1521～1522 年間中葡屯門衝突以來表明,『精神征服』無法以『軍事征服』爲先導,因而只能採取『文化適應』的迂迴策略達到『精神征服』目的。許多學者在論述這一策略時,似乎忘記了這只是一種手段」,可謂一語中的。〔註50〕

　　沙勿略離開印度到達麻六甲,而麻六甲要塞的將軍阿爾瓦羅出於私人恩怨,扣留了佩雷拉的船隊,甚至不顧沙勿略革除教籍的威脅,扣押準備運往中國的貨物。沙勿略當即決定獨自帶人前往,於 1552 年 8 月到達澳門附近的上川島,盡最大努力試圖進入中國。在 1552 年 10 月 22 日在寄給佩雷斯神父的信中,對他最後的努力做了描述:

　　　　據當地人說,我們所面臨的危險有二:首先,同意捎帶我們的人在收到二百克魯箚多後,因無廣東督臣的許可,會將我們遺棄在某一荒島上或投入海中;其次,即便帶我們到到廣州見督臣,或許會接待我們或許會將我們下獄。因爲這將成爲一特大新聞。中國壁壘森嚴,無國王的箚,任何人不得入華,因爲國王嚴格禁止外國人

〔註48〕羅德里格斯:《日本教會史》,轉引自戚印平:《沙勿略與耶穌會在華傳教史》,《世界宗教研究》2001 年第 1 期。

〔註49〕方豪:《中國天主教史人物傳》,北京:中華書局,1988 年,第 45 頁。

〔註50〕金國平、吳志良:《東西望洋》,澳門:澳門成人教育學會,2002 年,第 380頁。

　　無他的舠進入他的國土。除上述危險外，還有許多更大的危險，但

　　當地人說不出來。儘管我略述一二，但要詳說實非易事。〔註51〕

由於上述種種原因，加上明代海禁政策，中葡交惡的僵局仍未打破，使他始終沒能進入中國，於12月3日病逝。臨終時，身邊只有他的中國僕人安東尼。沙勿略傳教中國的努力和實踐，為范禮安、羅明堅、利瑪竇等人對中國開展適應性策略奠定了基礎。並且，他的事蹟，也激發了耶穌會士進入中國傳教的決心。正如沈定平先生所評價：「（沙勿略之死）初步引起了羅馬教廷以及歐洲社會對於這個東方大國的關注，從而為未來的中西文化交流提供了某種可能性。其次，沙勿略以其哲學家敏銳的觀察，並從長期傳教的經驗教訓中，逐漸認識到在古老東方的文化和宗教中亦蘊涵著人類的真理。即使為了最終達到使人歸化的目的，也必須改變過去那種居高臨下、排斥一切而迫人就範的傳教方法。特別是他所提出的有關『學術傳教』的設想，以及在這些文明民族中傳教士所應具備的思想感情、科學知識和交際手段的論述，具有十分深遠的影響。還有，就是促使基督教義同當地流行宗教之間某種結合的嘗試，及採用當地語言和思想文化觀念進行傳教的主張。所有這一切，確實為未來適應中國傳統文化和風俗的新的傳教路線的確立，鋪墊了最初的基石，從而為中西文化交流在較為平等與和平的條件下展開，開闢了道路。」〔註52〕

二、范禮安的東方策略

　　范禮安（1539～1606），意大利人，生於那不勒斯王國基埃蒂的貴族家庭。早年加入耶穌會，曾任馬切拉塔學院院長，主持利瑪竇的入學考試，師生一見如故。之後，范禮安一直對利瑪竇給予特殊關照，尤其在任東方視察員期間，成為利瑪竇的保護人。1574年3月21日，范禮安帶領41名耶穌會士前往東方，9月6日抵達印度果阿，開始了他為之奉獻終生的遠東傳教事業。在范禮安32年的東方傳教生涯中，日本教務是他關注的重點，澳門只是作為中轉站。而到了後期，中國教務越來越受到重視，以完成臨行前耶穌會總會長交付他的重任，即「再度點燃沉睡之中的遠征中國的熱情」。〔註53〕

〔註51〕顧衛民：《中國天主教編年史》，上海：上海書店，2003年，第59～60頁。

〔註52〕沈定平：《明清之際中西文化交流史》，北京：商務印書館，2007年，第150頁。

〔註53〕利瑪竇、金尼閣：《利瑪竇中國札記》，何高濟、王遵仲、李申譯，北京：中華書局，1983年，第142頁。

　　繼沙勿略之後，許多天主教傳教士試圖進入中國傳教，但面對明朝的海禁政策，無一例外都失敗了。據法國學者榮振華統計，「從 1552 年到利瑪竇 1583 年到達中國止，共有 32 名耶穌會士、24 名方濟各會士、2 名奧古斯丁會士和 1 名多明我會士都試圖在中國定居。」〔註54〕面對西方傳教士入華的失敗經歷，歐洲人認爲打開中國之門是無望的。在寫給耶穌會總會長的信中，范禮安表達了自己的苦悶：「會長大人，我因著你的慈心而認識了中國民族的性情。我自從到了澳門以後，就被那幫助這億萬民眾皈向眞主的熱情催迫得，黑夜白日沒有得著一刻鐘得安寧。……我若是把種種困難的情形，例如爲進中國是怎樣不容易；到國裏怎樣被人歧視，怎樣被人懷疑，講給歐洲的人們聽，即便他們不說我是撒謊，也要說我是張大其詞……」〔註55〕儘管中國對外國人非常敏感，進入中國傳教仍有十分的困難，但范禮安卻使這種艱難的局面慢慢好轉，正是在他的推動下，耶穌會士成功打開中國傳教之門，逐步站穩腳跟。

　　在抵達印度之後，范禮安就開始著手收集東方傳教資料，撰寫《沙勿略傳》，其中有很多對中國的描述。在列舉了中國的諸多優越性後，范禮安更異乎尋常地列舉了中國官員的治理方式，指出有五個方面優於歐洲，即：優越的文官考試選拔制度；有條不紊的社會秩序；雷厲風行地貫徹政令；和平的外交手段；禁止皇族干涉政務的措施。〔註56〕范禮安經過充分調查研究，開始理性地面對中華文明，並將之置於與歐洲文明相對等的位置進行比較，主張「在尊重中國語言文字的基礎上，通過學術交流和道德規範的相互倣仿，通過基督教幫助中華文明使之更加完善的實際成效，最終達到皈依中國民眾的目的。」〔註57〕

　　范禮安對中國傳教的指導主要體現在：

1、肯定了沙勿略對華傳教的探索

當范禮安抵達印度時，東方傳教士中存在對沙勿略文化適應政策的不滿

〔註54〕【法】榮振華：《在華耶穌會士列傳及書目補編》，耿昇譯，北京：中華書局，1995 年，第 794 頁。

〔註55〕【法】裴化行：《天主教十六世紀在華傳教誌》，蕭睿華譯，上海：商務印書館，1936 年，第 178 頁。

〔註56〕【法】裴化行：《利瑪竇神父傳》，管震湖譯，北京：商務印書館，1993 年，第 66～70 頁。

〔註57〕沈定平：《明清之際中西文化交流史》，北京：商務印書館，2007 年，第 160 頁。

情緒，並鼓吹武力征服。例如，在赴果阿途中，范禮安遇見曾到過中國傳教的黎伯臘神父，神父將無法進入中國的失望心情向范禮安和盤托出，並動議運用武力使中國歸化。范禮安並沒有跟隨這股冒進風氣，而是追隨沙勿略的文化適應路線，探索進入中國的有效途徑。一方面范禮安應耶穌會總會長要求，大量收集資料，撰寫了《沙勿略傳》，對沙勿略的一生傳教經歷和經驗作了總結，認為沙勿略具有兩種特長：一是沙勿略的大量，二是沙勿略與天主契合的熱情。〔註58〕在該傳記中，范禮安同時瞭解了中國的政治、社會風俗情況，「大部份皆適應中國之現狀，雖為三百年前之舊作，今日尚可完全採錄」。〔註59〕另一方面，積極做社會調查，在第一次巡視澳門期間，范禮安就在澳門逗留了近十個月，廣泛收集關於中國的書籍，深入瞭解中國歷史、語言、醫藥、日常生活等方面，使他很快對東方傳教有了深層次的把握，贏得了同會中人的尊敬。當時遠在印度傳教的利瑪竇對自己的老師推崇道：「他所寫的事情的確準確可信，因為他是印度省最有能力的神父、自然具有權威……我們可由他獲知印度省的傳教事物，以及東方的消息，如中國、摩鹿加以及日本等方面，可說沒有任何人比他知道得更多。」〔註60〕通過對沙勿略傳教經驗的總結，以及多方面的實地調查，范禮安深刻剖析了耶穌會士進入中國失敗的原因，並努力尋找適合中國的傳教方法，他感受到：不能採取「打倒一切」的辦法，即彷彿認為各民族的文明和風俗習慣毫無用處，特別是對待中國這樣歷史悠久文明發達的國家，使傳教適應這些新民族是一個有利的前提。〔註61〕

2、制定對華傳教適應政策

在范禮安巡視澳門期間，發現澳門教會當局對當地中國教民推行「葡萄牙化」的歐洲中心主義政策，強制中國人取葡萄牙名字，說葡語，穿葡國服裝，按照葡萄牙人的風俗習慣生活，這使得中國教徒感情上受到壓抑，在教徒與異教徒之間產生隔閡。范禮安經過深思熟慮，認為這種做法是萬萬行不

〔註58〕【法】裴化行：《天主教十六世紀在華傳教誌》，蕭濬華譯，上海：商務印書館，1936年，第177頁。
〔註59〕【法】費賴之：《在華耶穌會士列傳及書目》，馮承鈞譯，北京：中華書局，1995年，第30頁。
〔註60〕利瑪竇：《利瑪竇書信集》，羅漁譯，臺北：光啟出版社，1986年，第434頁。
〔註61〕【法】裴化行：《利瑪竇神父傳》，管震湖譯，北京：商務印書館，1993年，第60～61頁。

通的，在寫給耶穌會總會長的信中，他說道：「到目前爲止，教會使用於任何地區的傳教方式都不能適用於中國。欲在中國傳教，傳教士必須嫻熟中文，不是地方方言，而是中國的知識階層所通用的官話，他們必須研習並適應中國的文化和風俗習慣，他們必須瞭解這一偉大而可敬的民族的歷史文化，並進一步與夢受此文化薰陶的人們打成一片。」〔註62〕爲此，范禮安決定，進入中國的傳教士必須學習中國語言文字和風俗習慣，在范禮安前往日本之前，就給羅明堅留下書面指示，要求其努力學習漢語。當羅明堅學習漢語的行爲遭到澳門各方面嘲笑和不解時，范禮安又極力替羅明堅辯護。不僅如此，范禮安從印度調來利瑪竇，讓他們一起編輯漢語教理書籍。可見，范禮安開始放棄西方傳教士普遍存在的歐洲中心主義心態，轉向對中國文化的尊重和適應，努力尋求天主教在中國化的有效方法。

范禮安第二次到澳門時，結合日本的傳教經驗，對澳門教會做出改革。不但中國教徒可以繼續保持原有的生活習慣，西方傳教士也都要中國化，並請示耶穌會總會長，要求將該項規定固定下來，不能隨意變動。〔註63〕對於中國內地傳教士，范禮安也明確指示他們順應當地習俗，盡力融入到當地社會關係網路中。當時利瑪竇正在韶州傳教，在經歷了一番失敗的經歷後，感覺到著僧服不利於同士大夫階層交往，便在到澳門治病期間，提出著儒服的建議。儘管這與范禮安在日本的見聞有差別，但基於尊重中國社會實際，范禮安還是熱情支持這一重大變革，「巡察使神父認爲這些請求是非常合理的，所以一一予以批准，並且親自負責把每一項請求都詳細報告給羅馬的耶穌會總會長神父，也報告給聖父教皇」。〔註64〕

3、組織選拔在華傳教士，調整中國傳教團的領導人員

基於多年的傳教經驗，范禮安認識到，合格的傳教人員對實施文化適應政策至關重要，因此，他多次寫信給耶穌會總會長，挑選優秀的傳教士來華，並堅稱「一個聰明的、有成就的、獻身於藝術研究的民族，是可以被說服同意讓一些同樣以學識和品德而出名的外國人來到他們中間居住的，特別是假

〔註62〕貫天祐：《耶穌會傳教士在中國》，載羅光主編：《天主教在華傳教史集》，臺北：光啓出版社，1966年，第9頁。

〔註63〕【法】裴化行：《天主教十六世紀在華傳教誌》，蕭濬華譯，上海：商務印書館，1936年，第194頁。

〔註64〕利瑪竇、金尼閣：《利瑪竇中國札記》，何高濟、王遵仲、李申譯，北京：中華書局，1983年，第276頁。

如他們的客人精通中國語言和文字的話」。〔註65〕爲了實現傳教士中國化的目的，他明確要求傳教士熟練地使用中國語言，研究中國經典，撰述教理書籍，正是在他的嚴格督促下，羅明堅、利瑪竇、龐迪我等都成爲精通漢語的西儒，在溝通耶儒，使天主教中國化的過程中做出了突出貢獻。

爲挑選優秀的耶穌會士，范禮安於1594年在澳門組建了聖保祿學院。在辦學模式上，學院借鑒了葡萄牙科英布拉大學的經驗，建立考試制度，課程分爲人文、哲學、神學等，此外還開設天文、曆學課程。聖保祿學院尤其重視神學的教育與實踐，「學院每一個教室都有一幅供禮拜用的聖像，每堂課開始和結束時都要在聖像前做簡短祈禱」，並且「羅耀拉的神操教育一直貫徹聖保祿學院的始終」。〔註66〕儘管學院的辦學初衷是爲對日傳教，但隨著日本傳教形勢的不穩定，培養對華傳教士則成爲重點。在聖保祿學院，「傳教士學習中文是一件頗爲普遍的事」，同時，范禮安也規定，派往中國的修士應順應中國的風俗習慣。〔註67〕在范禮安的指導下，聖保祿學院成爲培養入華耶穌會士的重要基地。據統計，1583年～1770年入華的耶穌會士有467名，其中在聖保祿學院畢業的有200多名，占到了42.5%。〔註68〕

此外，針對中國傳教團所出現的新情況，范禮安及時進行人員的調整。例如，1593年，由於浙江之行，羅明堅遭到廣州肇慶官員反對，傳教也陷入僵局。范禮安力排眾議，將羅明堅調往歐洲，使傳教團安然度過了一次危機。1596年，儘管范禮安不再擔任遠東視察員職務，但受總會長之命，仍擔任中國和日本傳教團的視察員，便於及時處理可能出現的任何事務。1597年，范禮安在澳門停留期間，對中國傳教團再次做出調整，將年老多病的孟三德改任澳門神學院院長，任命利瑪竇出任中國傳教團教長，並擴大其許可權，給予見機行事的權力。在利瑪竇離開韶州北上南昌、南京開教時，龍華民被派往韶州接替傳教任務，但他對利瑪竇的謹慎傳教和上層路線頗有微詞，並進行類似歐洲的廣場傳教方法，范禮安給予利瑪竇有力支持，認爲「改變方式

〔註65〕 利瑪竇、金尼閣：《利瑪竇中國札記》，何高濟、王遵仲、李申譯，北京：中華書局，1983年，第142頁。

〔註66〕 李向玉：《漢學家的搖籃——澳門聖保祿學院研究》，北京：中華書局，2006年，第53頁。

〔註67〕 李向玉：《漢學家的搖籃——澳門聖保祿學院研究》，北京：中華書局，2006年，第60頁。

〔註68〕 《耶穌會羅馬檔案》（日本中國22），載維特克：《著眼於日本——范禮安及澳門學院的開發》，澳門《文化雜誌》，1997年第二十一期，第198頁。

行事，我們會易於犯錯誤，會在日後發現當初我們深感詫異的許多事情實際上是必要的；教長倉促作出更改，是非常有損威信的」。〔註69〕之後龍華民傳教受阻，才開始反省自己，採納利瑪竇謹慎的方式。當利瑪竇於 1601 年成功在北京立足時，范禮安決定增加人手，1604 年與 1605 年間，范禮安向中國增派了 6 名耶穌會士，緩解了在華四個居留地人手緊缺的狀況。到 1605 年，在華耶穌會士已經有 11 名，基本達到了范禮安確定的每一住院有三名神父的計劃。而且，直到 1606 年去世前夕，范禮安仍在為中國傳教團費盡思量，「在臨終時他委派了三位很有能力的神父去執行他所計劃的事情，並為傳教團提供他所應允的一切」。〔註70〕正是范禮安的積極籌畫，中國傳教團才穩步取得了傳教中國的勝利，儘管他沒能進入中國內地，但在華傳教事業的每一次成功，都與范禮安的支持分不開的，他是無愧於「中國傳教團之父的」。

4、提供有力的資金支持

起初，中國傳教團由於人數少，占遠東耶穌會的資金並不是很多，但為了在傳教過程中免遭貪婪的指責，確立了不接受中國人捐贈的原則，資金籌集反而成了大問題。當時中國傳教團資金主要來自葡萄牙和教廷的捐助，以及富商的捐贈。但並不是每次歐洲的捐助都能準時到達，利瑪竇就曾抱怨說「葡萄牙國王原先命令付給教團的津貼，常常由於國家的需要而挪作他用」。〔註71〕所以羅明堅和利瑪竇在肇慶居住期間，不得不長期舉債度日。在羅明堅返回澳門募捐期間，利瑪竇則靠借款修建肇慶教堂。此外，編撰出版書籍也花費部份資金，在羅明堅 1584 年返回澳門期間，就表示「在中國工作非常辛苦，同教外人交往，不便開口向他們要生活費，應找澳門的葡籍商人募捐」，加上書籍出版費，羅明堅「至少一年應有二百塊錢不可」。〔註72〕而實際的花費是遠遠要大於這些的，曾到肇慶巡視的卡佈雷爾神父向范禮安詳細轉達了中國傳教團資金狀況：「論到維持他們生活的方式，目前為止，有我們的友人

〔註69〕【法】裴化行：《利瑪竇神父傳》，管震湖譯，北京：商務印書館，1993 年，第 387～388 頁。

〔註70〕利瑪竇、金尼閣：《利瑪竇中國札記》，何高濟、王遵仲、李申譯，北京：中華書局，1983 年，第 521 頁。

〔註71〕利瑪竇、金尼閣：《利瑪竇中國札記》，何高濟、王遵仲、李申譯，北京：中華書局，1983 年，第 478 頁。

〔註72〕利瑪竇：《利瑪竇書信集》，羅漁譯，臺北：光啟出版社，1986 年，第 456～457 頁。

富翁威加在支持著，神父也常常囑咐他，還有港口的葡萄牙人也大力支持。今年（1584）就花費了四百多兩銀子，因爲，如我所說的，蓋房子就用了二百五十多兩，而且一切都在開始興建，是不能沒有花費了，……這座房子全是靠哀矜來維持的，既無租金收入，又無公款，眞是不停地、無時不在需要人協助。」〔註73〕

　　隨著傳教事業的不斷深入，教團花費也越來越多。爲解決中國傳教團的資金窘狀，范禮安一方面通過澳門與日本開展生絲貿易，從中獲取部份利潤，另一方面，范禮安爭取到了以天主教國王名義頒發的年金，將之悉數交給中國傳教團，專門由麻六甲銀行支付，使中國傳教團有了一份比較穩定的資金來源。儘管如此，范禮安海外籌集資金的速度，仍然無法滿足傳教事業蓬勃發展的需要。1605 年，利瑪竇在北京準備建立新教堂，委婉地表示：「范禮安神父爲我們的生活所有必需品籌畫得很周詳。不知道今年能否再增加一些？這是范禮安神父許給我們的，也是我們所切望的，希望由於補助金的增加，使此地的傳教事業更能興隆。」〔註74〕

　　爲了使中國傳教團有一個更加穩妥的資金來源，范禮安在進入中國內地巡視之前，仍在爲中國傳教團做最後的籌畫。利瑪竇回憶說：「范禮安神父計劃帶進很多爲傳教有用的東西。並且要給每一傳教中心起碼一千金幣，傳教中心可以用這些錢買些土地來種農作物，這樣每個中心以後就可以經濟獨立。因爲到現在爲止，中國傳教經費一直由澳門每年供應，這實在不方便，又很冒險。如果買地開農場，每年就有正常的收入，也會消除中國人隊他們回國再打中國的想法。如果有人認爲這些錢爲保障傳教中心太少的話，外國人應當知道，在中國東西又多又便宜，將每年消費的一倍，購買土地，就可以一勞永逸，所有的經濟問題都可以解決了。這就是范禮安神父對傳教區自給自足的構想。」〔註 75〕由於范禮安神父的突然逝世，致使該計劃擱淺，但這種構想仍然不失它的價值，對之後的教會自養政策帶有啓發意義。比利時學者高華士對魯日滿的常熟帳本研究結果表明，魯日滿購買有 18 畝的土地，

〔註73〕利瑪竇：《利瑪竇書信集》，羅漁譯，臺北：光啓出版社，1986 年，第 470～471 頁。

〔註74〕利瑪竇：《利瑪竇書信集》，羅漁譯，臺北：光啓出版社，1986 年，第 164 頁。

〔註75〕利瑪竇：《利瑪竇中國傳教史》，劉俊餘、王玉川譯，臺北：光啓出版社，1986 年，第 461 頁。

收穫的大米供常熟住院生活所需，多餘的都在市場上賣掉。〔註76〕由此可見，耶穌會士基本踐行了范禮安的購買土地自養計劃，入清之後，更是發展到購買房產收取地租，這樣「入華教士用購置房地產收租的方法獲取利潤應是傳教會一項較長期穩定的經濟來源」。〔註77〕

由上可見，范禮安繼承了沙勿略的適應政策，根據中國的具體情況，開始擺脫以歐洲為中心的傳教策略，尊重中國風俗習慣，注重傳教人才的培養，給予中國傳教團持久的資金支持。因此，沒有范禮安就沒有中西文化交流的良性發展，以至於當范禮安逝世時，「神父們覺得自己好像被遺棄在無數的考驗和麻煩當中再也沒有人保護似的」。〔註78〕范禮安的文化適應政策，對中國傳教團產生了積極影響，正是在他的領導下，羅明堅、利瑪竇才正式進入中國，開始了真正意義上的接觸與對話。

三、羅明堅的最初實踐

羅明堅，1543 年生於意大利那不勒斯王國的農民家庭，青年時代經十年學習獲得民法和教法兩個法學博士學位。29 歲辭官進入修道院，並於當年進入本初學院，受訓一年後，進入羅馬學院進修神學。〔註79〕1578 年初，剛晉升神父的羅明堅偕同巴範濟、利瑪竇和阿奎維瓦（耶穌會總會長阿奎維瓦的弟弟）由里斯本出發，經過半年多航行，抵達印度果阿。在印度期間，羅明堅一邊傳教，一邊學習當地語言，得到印度主教的好評。正值范禮安巡視東方，希望開啟沙勿略皈依中國的計劃，寄信耶穌會印度省會長，希望他幫助物色一神父前往澳門。羅明堅便被優先選定，於 1579 年 7 月到達澳門，開始了傳教中國的最初實踐。

（一）學習語言

當羅明堅抵達澳門時，范禮安已經前往日本，為羅明堅留下書面指示，讓他學習中國語言。對羅明堅而言，這顯然不是一件輕鬆的任務。起初，羅

〔註76〕【比】高華士：《清初耶穌會士魯日滿：常熟帳本及靈修筆記研究》，趙殿紅譯，鄭州：大象出版社，2007 年，第 489 頁。

〔註77〕湯開建：《明清之際中國天主教會傳教經費之來源》，《世界宗教》，2001 年第 4 期，第 86 頁。

〔註78〕利瑪竇、金尼閣：《利瑪竇中國札記》，何高濟、王遵仲、李申譯，北京：中華書局，1983 年，第 521 頁。

〔註79〕利瑪竇：《利瑪竇書信集》，羅漁譯，臺北：光啓出版社，1986 年，第 16 頁。

明堅學習漢語的行爲引起當地傳教士的揶揄，並勸阻他放棄，甚至有人問他：「一位神父可以從事會中其它事業，爲什麼浪費大好光陰學習什麼中國語言，從事一個毫無希望的工作？」〔註80〕但他始終不氣餒，在沙勿略精神的鼓舞下，毅然按照范禮安的指示堅持學習。但是漢語本身是很難學的，「中國的語言文字不單和我國的不一樣，和世界任何國家的語言文字都不一樣，沒有字母，沒有一定的字數，並且一字有一字的意義。就是對於中國人爲能念他們的書也必須費盡十五年的苦工夫」。〔註81〕此外，缺乏中文老師也是不得不面對的一大障礙，「由於缺乏教它的老師而格外加深了它的困難。在澳門信仰了基督並按歐洲習慣生活的中國人，以及那些從內陸到澳門來做生意的人，都不習慣使用官話和葡語。本地的商人倒都懂官話但說得很差，因爲他們習慣用他們的方言交談。他們甚至不識普遍書寫的文字。他們只能寫進行交易的文字」。〔註82〕在這種現實困境面前，羅明堅只好採用看圖識字的方法，「起初爲找一位能教我中國官話的老師非常困難，但我爲傳教非學官話不可，可是老師如只會中國官話，而不會講葡萄牙話也是枉然，因爲我聽不懂呵！因此後來找到一位老師，只能借助圖畫學習中文語言，如畫一匹馬，告訴我這個動物的中國話叫『馬』，其它類推，世上有多少事物，就有多少中國字，它並無字母可循，這爲葡萄牙人以及神父們簡直是不可能的事」。〔註83〕爲了有充分的環境學習漢語，羅明堅在澳門建立了首所語言學校，後來利瑪竇把它稱作「聖馬丁經言學校」，成爲外國人學習中國語言的地方，同時也爲在華傳教培養了大批後續力量。

在羅明堅的努力下，不到一年就已經認識了一萬五千個漢字，初步可以讀中國書了。1581 年，羅明堅翻譯了一本中文小冊子，並於次年寄給耶穌會總會長，據裴化行考證應是《三字經》的譯本。〔註84〕而這也基本符合中國傳統蒙學的特點，但在很短的時間內認識如此多的漢字，可見他學漢語的急迫心情。從羅明堅的自我期許也可以看出他的目的所在：「今天託天主之福，

〔註80〕利瑪竇：《利瑪竇書信集》，羅漁譯，臺北：光啓出版社，1986 年，第 426 頁。
〔註81〕【法】裴化行：《天主教十六世紀在華傳教誌》，蕭濬華譯，上海：商務印書館，1936 年，第 183 頁。
〔註82〕利瑪竇、金尼閣：《利瑪竇中國札記》，何高濟、王遵仲、李申譯，北京：中華書局，1983 年，第 143 頁。
〔註83〕利瑪竇：《利瑪竇書信集》，羅漁譯，臺北：光啓出版社，1986 年，第 446 頁。
〔註84〕Rule, Pan A.Kung-tzu or Confucius: The Jesuit Interpretation of Confucianism. London: Allen&Unwin, 1986.

定要在中文方面益求進步，並練習用中文作文，以便來日用中文著書，駁斥
中文書中的謬誤。希望將來能爲天主服務，使眞理之光照耀這個龐大的民族，
使我這個無用的工具在這個傳教工作上也派上用場。」〔註85〕正是在此目標
的激勵下，羅明堅的漢語水準不斷提高，開始撰寫部份中文著述。1583 年 2
月 7 日，羅明堅在寄給耶穌會會長阿奎維瓦的信中說：「自我來到中國，迄今
已三年了，時常加緊學習中文，目前我已撰寫了幾本要理書籍，其中有《天
主眞教實錄》、《聖賢花絮》、《告解指南》或《信條》與《要理問答》等，這
一切都是遵照視察員范禮安神父與其它神父的意思而撰寫的，並讓我印刷，
這樣把天主教義的大綱介紹給教外人，方能引導他們進教。」〔註86〕在 1584
年 1 月 25 日在寄給耶穌會會長的信中說：「現在我已校正了我的《新編天主
實錄》，是用中文撰寫的，用了四年工夫，曾呈獻給中國官吏批閱，他們曾予
我褒獎，要我趕快印刷，越快越好；視察員與其它神父都審察了一番，認爲
沒有問題，也要我快去印刷，只因要改一些句子，遲延到今年方能出版，如
託天主之福今年能出版的話，將把它翻譯爲拉丁文，明年再給神父寄去。」〔註
87〕可見，這時羅明堅漢語水準已經相當高了，也正是由於他熟悉中國官方語
言，便於和官員交往，對他的傳教活動起到了促進作用。到 1586 年 11 月，羅
明堅在寄給總會長的信中已經很自信地說，「現在我們對此難學的中國語言已
知梗概，也能看中國書籍，因此我們已被視爲中國人了」。〔註88〕

（二）結交官員

　　1579 年，羅明堅來到澳門，開始尋求進入中國的門徑，而走上層路線成
爲他經常採用的方法。羅明堅第一次隨葡商進入廣州，就「得到統治那個城
市的一位中國官員的喜歡」，經多次交談後，獲得了中國官員的信任，被允許
居住在陸地上，「一些中國官員和衙門裏的人也來訪問我，送給我一些表示友
好的小禮物，並且問我許多問題，瞭解我們的教義。因爲有他們的這種親近
的表現，所以普通百姓也都尊敬我」。當第二、三次到廣州時，「由於高級官
員對我懷有好感，其它的一些中國官員對我也很友善」。正是善於交接上層官

〔註85〕利瑪竇：《利瑪竇書信集》，羅漁譯，臺北：光啓出版社，1986 年，第 431 頁。
〔註86〕利瑪竇：《利瑪竇書信集》，羅漁譯，臺北：光啓出版社，1986 年，第 446～
　　　　447 頁。
〔註87〕利瑪竇：《利瑪竇書信集》，羅漁譯，臺北：光啓出版社，1986 年，第 457 頁。
〔註88〕利瑪竇：《利瑪竇書信集》，羅漁譯，臺北：光啓出版社，1986 年，第 494 頁。

員，為羅明堅進入中國打開了方便之門。1582 年，羅明堅作為澳門代表拜見總督陳瑞，面對陳瑞擺出的下馬威，羅明堅「冷靜安詳地答話」，使劍拔弩張的氣氛立時緩和下來，受到「設宴款待」，得到了陳瑞支持覲見皇帝的承諾，為該年底第一次進駐肇慶的打開了良好局面。〔註 89〕在肇慶期間，羅明堅廣泛交好地方官員，如王泮、郭應聘、鄭一麟等，在他們的保護下，傳教活動得以順利進行。對此羅明堅有深切的體察，「中國官吏等於是中國百姓的神明，受他們的崇拜，百姓無論窮富貴賤，官吏對他們有打、殺之權，可以充公他們的家產，可以用木棍痛打他們，如同我們歐洲學校的老師懲罰不守規矩的學生一般；一般皆在衙門大堂上執行，否則百姓不能和官吏接觸；因為這為我們進入內陸的目的無疑地也是一大阻礙。還好，我們可以自由和總督的秘書（師爺）交往，他對我們也是十分客氣，凡有什麼需要，可以隨時找他。於是我們借他之手，把鐘錶呈獻給總督，總督萬分喜悅，因為他們對新發明，西洋玩意兒十分欣賞」。〔註90〕但頻繁地結交官員，也會使教堂過於依賴當地官員的好惡態度。1589 年，新總督劉節齋到來，把耶穌會士居住的「仙花寺」立為自己的生祠，驅逐了利瑪竇等人，出於此種教訓，利瑪竇注重結交士大夫這一中間階層。

此外，羅明堅繼承了沙勿略的策略，將通過取得皇帝的同意，征服中國民眾作為一直貫徹的政策。在 1581 年 11 月，在由澳門寄給歐洲神父的信中，羅明堅就表示：

> 歸化中國最大的困難並不是老百姓不願接受基督信仰，他們對研究要理也無困難，而困難在他們的從屬關係妨礙傳教工作，上有父母、官長，直到高高在上的皇帝。因此必須面覲皇帝，得其准許傳揚天主教，凡願接受者，可以自己信仰。並非中國不接受天主教，而是兩廣總督認為，如要改換宗教或習俗，必須先獲得皇帝的批准不可，所以出自我的誠心誠意不得不向您稟告。〔註91〕

不僅如此，羅明堅建立聖馬丁經言學校，準備藉此學習漢語、瞭解風俗，以

〔註89〕【美】林斯特拉：《1583～1584 年在華耶穌會士的 8 封信》，萬明譯，載任繼愈主編：國際漢學（2），鄭州：大象出版社，1998 年，第 255～258 頁。

〔註90〕利瑪竇：《利瑪竇書信集》，羅漁譯，臺北：光啟出版社，1986 年，第 450～451 頁。

〔註91〕利瑪竇：《利瑪竇書信集》，羅漁譯，臺北：光啟出版社，1986 年，第 433～434 頁。

便養精蓄銳，「逐漸往內地遷移，直到有一天能到達北京面聖，以便獲得傳教的准許，好引導中國人邁向天國之路」。〔註92〕1582 年底，羅明堅進入肇慶，將精緻的西洋鐘錶贈給了總督，以為陳瑞會把鐘錶獻給皇帝，藉此引起皇帝對他們的注意。〔註93〕1584 年冬天，他的中文教師第一批接受了受洗，並幫助羅明堅撰寫《天主聖教實錄》，而中文教師「正要去皇帝的宮廷，希望以自己秀才的資格，得到相應的官職」，可見其中的深意。〔註94〕之後，羅明堅被派往歐洲教廷，說服教廷派遣使節出使中國，以便挽救搖搖欲墜的傳教形勢。由於西斯托斯五世於 1591 年 8 月去世後，其後的三位教宗也相繼逝世，教廷沒有能力執行遣使計劃，而葡萄牙擔心出使成功會影響對中國貿易的壟斷權，百般反對，羅明堅的該項計劃無果而終。儘管通過教皇遣使計劃被利瑪竇拋棄，但皈依皇帝的策略仍被繼承，促使他三次北上。在進入北京後，利瑪竇面對皇帝多年不上朝的局面，終於明白這是不可能的，最上層的皈依路線被最終證明失敗，開始轉向中下階層傳教，為晚明天主教最終紮根奠定基礎。而事實也證明，一次次的試錯，是傳教過程中所必需的，為最終開教成功提供了經驗。

（三）浙西之行考辯

羅明堅的浙西之行，一直頗受指責。利瑪竇病逝前，在回憶錄中寫道，「在宴會中，雖然提及天主教會，卻沒有產生什麼效果」。〔註95〕近人更是認為，「也許正是開教初期所取得的成功，以及來自四面八方的褒獎好恭維，沖昏了羅明堅等人的頭腦。原來那種善自韜晦、謹慎從容的作風，漸為急功近利、浮躁執拗的情緒所左右。於是，在具體行動中，便不能冷靜地按照中國的習俗和法律行事，而仍然固執地按照歐洲的習慣來判斷和處理事情，這就不可避免地出現舉措失當」。〔註96〕由此導致了浙西之行和之後的湖廣之行的失

〔註92〕利瑪竇：《利瑪竇書信集》，羅漁譯，臺北：光啓出版社，1986 年，第 435 頁。

〔註93〕【美】林斯特拉：《1583～1584 年在華耶穌會士的 8 封信》，萬明譯，載任繼愈主編：國際漢學（2），鄭州：大象出版社，1998 年，第 257 頁。

〔註94〕【美】林斯特拉：《1583～1584 年在華耶穌會士的 8 封信》，萬明譯，載任繼愈主編：國際漢學（2），鄭州：大象出版社，1998 年，第 267 頁。

〔註95〕利瑪竇：《利瑪竇中國傳教史》，劉俊餘、王玉川譯，臺北：光啓出版社，1986 年，第 158 頁。

〔註96〕沈定平：《明清之際中西文化交流史》，北京：商務印書館，2007 年，第 207 頁。

敗，並直接引發肇慶教會的危機，迫使羅明堅被調回歐洲請示教皇使團出使中國。而詳考史實，筆者認爲羅明堅浙西之行是當時形勢使然，作爲中國傳教適應政策的必要步驟，爲之後的耶穌會士所繼承。

浙西之行前後，羅明堅始終保持冷靜謹愼的頭腦，在 1584 年寄給總會長阿奎維瓦的信中，他寫道：「與那些中國人相處，需要有極大的機敏和文雅，決不能不明智地急於進取。否則，很容易使我們打開的大門關閉起來。」在對待教徒洗禮問題上，更是堅持謹愼原則，「我們現在不想急於給人們施行洗禮，雖然有幾個人要求洗禮，但是爲了使他們對神聖的認識和願望更加成熟起來，而且也爲了假如有人在開始時期不久就離開信仰的話，不讓魔鬼有可乘之機，所以我們沒有給他們舉行洗禮。」〔註 97〕可見，羅明堅在肇慶傳教期間是冷靜的，而浙西之行很大程度上則是由西方因素引起的。

1583 年秋天，羅明堅和利瑪竇成功進入中國，這使得西方其它修會看到了進入中國內地傳教的機會。當時葡萄牙已經被合併入西班牙，在保教權問題上，托缽修會以爲不存在明顯的界限。西班牙駐菲律賓總督召開馬尼拉總教區代表會議，決定援助耶穌會士在中國的事業，意圖「在中國及西班牙兩國之間打開一條商業的孔道」。這對托缽修會而言，是進入中國傳教的良機，藉以打破耶穌會對中國傳教事業的壟斷。起初澳門神學院院長卡佈雷爾神父對此持支持態度，並「建議他們妥善處理，以不影響傳教爲原則」，中國教區神父羅明堅等人更是遵照澳門神學院的指示辦。但遭到澳門市政當局的反對，卡佈雷爾只好重新指示停止對西班牙的幫助，此事不了了之，西班牙和托缽修會的計劃也因此泡湯。〔註 98〕馬尼拉教區耶穌會士桑切斯認爲，西班牙與中國建交是不可能的事情，便開始謀劃武力征服的策略，即按對待「新西班牙與秘魯的途徑」一樣。〔註 99〕並到歐洲鼓吹對中國的戰爭，制定了詳細的戰爭計劃。儘管由於菲力浦二世陷入歐洲戰局，難以發動對華戰爭，但該計劃在遠東引起了騷動。在墨西哥傳教的阿克斯塔神父明確表示反對，認爲「若是不合正義，就絕不許可，因爲是嚴重得罪天主的事，而且對無計其數的破壞還負有賠償責任」，並從法理和事實兩方面論證對華戰爭的非正義。

〔註 97〕【美】林斯特拉：《1583～1584 年在華耶穌會士的 8 封信》，萬明譯，載任繼愈主編：國際漢學（2），鄭州：大象出版社，1998 年，第 260～262 頁。

〔註 98〕利瑪竇：《利瑪竇中國傳教史》，劉俊餘、王玉川譯，臺北：光啓出版社，1986 年，第 150～151 頁。

〔註 99〕利瑪竇：《利瑪竇書信集》，羅漁譯，臺北：光啓出版社，1986 年，第 464 頁。

〔註100〕與此相呼應的是中國教區，范禮安直接請示菲力浦二世，明確指出儘管兩國合併，但葡萄牙對遠東仍然擁有壟斷權，禁止從西班牙傳教區的修士來華傳教。在華耶穌會士也從中看到了危機，曾到肇慶巡視的卡佈雷爾表示：「官員的行政方面，神父是知道的，是很閉關自守的。也可能從我們方面，或來自西班牙人方面，若發生不智之舉或違規事件，則將會使這傳教區喪失的。一旦喪失了，將無法挽回，再不能進入該地區了；我們很怕這些西班牙人的來來往往，會製造很大的禍患。」〔註101〕羅明堅對此有更深的體會，「本教區是新開拓的、幼弱的，經不起些微的波動便會夭折，因此一切必須謹小慎微，耐心的耕耘，否則便會摧毀了它。我說這些，因為不但指我們耶穌會的神父，而且也有其它修會的神父，包括東印度的，也包括西印度的神父，都想來這塊由我們費盡萬苦而開發的新園地工作，而這個中華帝國的教誨可說尚未誕生呢！」。羅明堅建議「這裡只能有一上司管理，否則為這個教區有害無益。這位上司安排他的部屬，可從東印度——葡屬，或從西印度——西班牙屬錄取人員，怎樣比較妥善怎樣去做，只要沒有分歧就行，否則將為這個傳教區製造災禍了」。〔註102〕1585 年底，范禮安撤銷澳門神學院對中國教區的管轄權，從印度派遣孟三德神父到澳門並任中國傳教區監督，使他常駐肇慶直接指導內地傳教工作。為了鞏固中國傳教區，范禮安指示，「盡可能開創新的教堂，這樣若是有更多的教士能進入中國，便不會引起那麼多的猜疑。那時如果發生什麼事可能迫使我們關閉一所教堂，也不會使整個布道事業都告結束」。〔註103〕

由於羅明堅長期在中國傳教，對中國風俗習慣和語言已經有相當瞭解，故被派遣和麥安東前往浙江、湖廣，及附近地區開展傳教事務。為此羅明堅做好了充分準備，並開始取中國名字，以適應中國文化。對浙西之行的目的，羅明堅顯然有清醒的認識，「希望天主讓我在那裏立足，建築一座會院，使教會能在那裏持久鞏固，而肇慶教會距廣州太近，離澳門也不遠，似乎會有危險發生」。〔註104〕可見羅明堅對肇慶會院的不利處境是有一定警覺的。

〔註100〕利瑪竇：《利瑪竇書信集》，羅漁譯，臺北：光啓出版社，1986 年，第 495 頁。

〔註101〕利瑪竇：《利瑪竇書信集》，羅漁譯，臺北：光啓出版社，1986 年，第 472 頁。

〔註102〕利瑪竇：《利瑪竇書信集》，羅漁譯，臺北：光啓出版社，1986 年，第 459～460 頁。

〔註103〕利瑪竇、金尼閣：《利瑪竇中國札記》，何高濟、王遵仲、李申譯，北京：中華書局，1983 年，第 191 頁。

〔註104〕利瑪竇：《利瑪竇書信集》，羅漁譯，臺北：光啓出版社，1986 年，第 475 頁。

　　羅明堅浙西傳教，儘管由於王泮家屬僞造信件被迫離開紹興，但仍取得了一定成果。首先，羅明堅堅持上層路線，結交士大夫階層，並和紹興知府成爲莫逆之交。其次，堅持受洗教徒品質爲先，通過對王泮的父親洗禮，起到了很好的示範效應。更重要的是羅明堅在浙西傳教期間，開始認識到以書本傳教的作用。「因爲麥神父（麥安東）剛來中國，尚不習慣，羅神父雖然來中國數年，只會一種方言，談話需要翻譯」。〔註105〕而通過書寫就比談話更容易影響當地人。此外羅明堅開始通過寫詩歌與文人唱和來表達傳教意圖。羅明堅遊歷杭州府時，寫道：「不殫驅馳萬里程，雲遊浙省到杭城。卸經萬卷爲何事？只爲傳揚天主名。」而在另一首《寓杭州天竺詩答諸公二首（第一）》中，傳教旨意更爲明顯：「僧從天竺來天竺，不憚驅馳三載勞。時把聖賢書讀罷，又將聖教度兒曹。」爲避免當地士人將天主教和佛教相混淆，在《寓杭州天竺詩答諸公二首（第二）》中明確指出：「一葉扁舟泛海涯，三年水路到中華，心如秋水常涵月，身豈菩提那有花。貴省肯容吾著步，貧僧到處便爲家。諸君若問西天事，非是如來佛釋迦。」〔註106〕可見羅明堅已經開始嘗試把來華意圖融於詩歌中表達，這不得不算是羅明堅的開創，在這之後，羅明堅也開始以詩歌傳播教義。在《天主生旦十二首》中，明確將天主教義與詩歌結合，如對道成肉身教義的傳揚，「天主至尊神，下來化肉身。將身釘十字，下度世間人」。〔註107〕可見，羅明堅浙西之行對適應傳教策略的探索有著積極意義。繼羅明堅之後，利瑪竇一直沒有放棄對浙西地區傳教的努力，積極與李之藻、虞德園等浙西士人往來，最終使浙西地區成爲明末天主教傳播的重鎮，並在中西文化交往中起到了重要作用。

　　綜上所述，早期的中西文化接觸是伴隨著西葡兩國軍事征服的，試圖將在世界其餘地方屢試不爽的「大棒加福音」的文化殖民方式施加在中國，但面對明朝嚴厲的海禁政策和強大的海防實力，開明的耶穌會士開始意識到中國高度的文明，漸漸與文化殖民劃清界限，探索中西和平交往的新模式。

〔註105〕利瑪竇：《利瑪竇中國傳教史》，劉俊餘、王玉川譯，臺北：光啓出版社，1986年，第158頁。
〔註106〕轉引自張西平：《歐洲早期漢學史》，北京：中華書局，2009年，第59頁。
〔註107〕轉引自張西平：《歐洲早期漢學史》，北京：中華書局，2009年，第62頁。

第二章　利瑪竇與中西文化交流網路的形成

　　利瑪竇作為晚明天主教在華傳教的開創者，一直以來備受關注，歷來史學家將之視為中西文化交流的使者，中國天主教的奠基人。而利瑪竇在傳教過程中所形成的獨特的傳教策略，被視為東西文化交融的典範，被後人譽為「利瑪竇規矩」。但利瑪竇的傳教過程並不是一帆風順的，而是經歷了艱難的探索，逐漸尋求到將天主教中國化的有效路徑。利瑪竇通過交友與書籍傳播，初步構建了中西交往的文化網路，為晚明中西方平等理性對話提供了示範。

第一節　廣東試驗

　　利瑪竇在肇慶、韶州生活了大約 13 年，幾近占其全部傳教生涯的一半時間。在這期間，利瑪竇開始了艱難的探索，並在羅明堅傳教政策的基礎上進行有益的調整。利瑪竇積極開展學術傳教活動，廣泛結交廣東官員、士紳階層，將適應性傳教策略引向深入，並試圖將天主教在廣東社會文化環境中紮下根基。由於廣東複雜的國際環境和由其僧人身份造成的誤解，引起紳士階層的反對，廣東天主教傳教團始終面臨不安定的局面，但在利瑪竇的調整下，積極應對，取得了一定成效，並為進入江南地區提供了良好的經驗教訓。

一、書籍傳教的嘗試

　　利瑪竇於 1583 年 9 月 10 日，作為羅明堅的助手，進入肇慶開展傳教活

動。隨著羅明堅不時返回澳門籌集資金，並深入浙江、廣西等地開展傳教活動，肇慶的日常事務基本依賴利瑪竇辛苦經營。在此期間，利瑪竇開始發揮自己的語言優勢和科學素養，在傳教方法上表現出不同於羅明堅的特點，最突出的便是嘗試學術傳教。

在進入肇慶後，利瑪竇首先要解決的便是語言交流的問題，「當時傳教嘗試的最大困難是不懂語言」，更不要說公開談論天主教皈依當地人，所以「他們把時間用於研習中國語言、書法和人們的風俗習慣」，「他們努力用一種更直接的方法來教導這個異教的民族，那就是以身作則，以他們聖潔的生活為榜樣。他們用這種法子試圖贏得人們的好感，並且逐步地不用裝模作樣而使他們的思想能接受不是用語言所能使他們相信的東西，但又不危及迄今已取得的成果」。〔註1〕但這只是權宜之計，語言在文化交流中的作用畢竟是無法替代的。

隨著深入內陸環境的改善，大大加快了利瑪竇學習語言的步伐，「由於忙著工作和學習中文的關係，傳教工作起初並不成功，感謝天主，到後來有了不少進步，目前我們已經可以講道和聽告解了」。和羅明堅合作《天主聖教實錄》，「印刷了中文的《天主經》、《聖母經》和《天主十誡》」。〔註2〕1584年底，曾巡視肇慶的卡佈雷爾神父說道：「在澳門學習中國的官話，因為缺乏熟練的中國教師，似乎困難得多，現在，利瑪竇神父已經學得很好，可以用中文做筆記。他告訴我，他認為教我們的弟兄們漢語的話，如果那些人具有天資，而且勤奮學習，達到能夠聽懂別人說的話，同時也讓別人聽得懂自己的話的程度，只需要6個月時間就足夠了，但是，由於中國語言那令人傷腦筋的發音，我想人們不可能達到如此快的進步。」〔註3〕儘管卡佈雷爾有幾分懷疑，但從中也可看出，利瑪竇對自己的語言天分是有些自許的。1585年10月20日，利瑪竇在寄給總會長阿奎維瓦的信中說：「目前已可不用翻譯，直接和任何中國人交談，用中文書寫和誦讀也差強人意」。〔註4〕在同期寄往羅馬學院馬賽利神父的信中，他謙虛地說：「我仍盡力學習中國的一切，每天都有進步，

〔註1〕利瑪竇、金尼閣：《利瑪竇中國札記》，何高濟、王遵仲、李申譯，北京：中華書局，1983年，第168頁。
〔註2〕利瑪竇：《利瑪竇書信集》，羅漁譯，臺北：光啟出版社，1986年，第57頁。
〔註3〕【美】林斯特拉：《1583～1584年在華耶穌會士的8封信》，萬明譯，載任繼愈主編：國際漢學（2），鄭州：大象出版社，1998年，第269頁。
〔註4〕利瑪竇：《利瑪竇書信集》，羅漁譯，臺北：光啟出版社，1986年，第69頁。

目前我已能說流利的中國話，開始在聖堂裏給教友們講道，今後大門敞開，歡迎凡希望聽道理的人前來。我已能讀中國書和寫中國字了，雖然他們有好幾萬字，我要一人讀好多書，假如有人幫忙，還要讀所有的書。」〔註5〕正是由於漢語學習的進步，使利瑪竇對中國語言的認識更加深入，在此期間，利瑪竇和羅明堅編著了《葡漢辭典》，為之後耶穌會士學習漢語提供了方便。

　　1589 年傳教區由肇慶遷往韶州，利瑪竇逐漸認識到廣東各地存在著不同的方言區，對中國文字有了更深的理解，「中國字完全是象形的，即每一個東西都有自己的名字，所以都有不同的字去表達，因此中國字可謂多得不可計，單字不會少於六萬，尚有新字增加，這些字非常難學，每一字也都複雜得很。中國十五行省都用同一的文字，但每省發音不全一樣，各地都有方言；這裡較多用的語言，稱作『官話』，即官場所用的話之意。我們目前所學習的，正是這『官話』」。〔註6〕可見，南方多方言區對利瑪竇文化交流造成了一定障礙，而當時明代的官話正是明代開國確立的《洪武正韻》，即江南一帶下江的語言，儘管由於明永樂年間京師前往北京，官話中夾雜了一些中原聲韻，但基本變化不大。〔註7〕所以利瑪竇進入江西、南京後，語言交流已經沒有多大障礙，而這是在廣東期間無法想像的。隨著對語言學習的精進，利瑪竇也利用自己的經驗，幫助麥安東、石方西以及郭居靜學習漢語，取得了積極成果。不僅如此，利瑪竇還打破成見，對中國籍修士進行培訓，「兩位中國籍修士——鐘鳴仁與黃鳴沙已完成兩年初學，他們的拉丁文相當進步，對中國文學也不馬虎，希望借他們的好榜樣和完美之德，做有益於救人的神聖工作」。〔註8〕

　　隨著利瑪竇漢語水準的提高，利瑪竇對中國社會的認識也有了進一步的瞭解。利瑪竇開始尊重中國文化，他始終注重通過展示西方文化成果，吸引中國人的注意。剛到肇慶不久，利瑪竇就開始裝飾教堂內的小型圖書室，「在傳教書庫的許多書籍中有兩大卷教會法，有學識的中國人很稱讚它們印刷精美和封面製作優良。封面是燙金的。中國人既讀不懂這些書，也不知道它們講的是什麼，然而他們判斷這兩部書的不惜裝訂工本，內容必定很重要。再者。他們斷定，科學和文化在歐洲必定很受重視；在這方面歐洲人既有這些

〔註5〕利瑪竇：《利瑪竇書信集》，羅漁譯，臺北：光啓出版社，1986 年，第 77 頁。
〔註6〕利瑪竇：《利瑪竇書信集》，羅漁譯，臺北：光啓出版社，1986 年，第 109 頁。
〔註7〕陳輝：《論早期東亞與歐洲的語言接觸》，北京：中國社會科學出版社，2007 年，第 28～29 頁。
〔註8〕利瑪竇：《利瑪竇書信集》，羅漁譯，臺北：光啓出版社，1986 年，第 122 頁。

書，所以必定超過別的國家，甚至也超過中國人自己。如果不是親眼看到證據，他們是絕不會這樣承認的。他們還注意到，神父們並不滿足於歐洲的知識，正在日以夜繼地鑽研中國的學術典籍。事實上，他們以高薪聘請了一位有聲望的中國學者，仕住他們家裏當老師，而他們的書庫有著豐富的中國書籍的收藏，有教育的中國人肯定認爲這些歐洲人是富有理論和學識的名望的。正是這種名望可以解釋如下事實：有高深學問的階層中，有些人需要得到有關基督教教戒的更完美的解釋而不僅限於一部他們慣於攜帶的《天主十誡》的內容」。〔註 9〕受書籍展示的鼓舞，利瑪竇協助羅明堅撰寫了《天主聖教實錄》，得到了肇慶知府王泮的首肯，利瑪竇認爲「用這個方法，基督教信仰的要義通過文字比通過口頭更容易得到傳播，因爲中國人好讀有任何新內容的書，也因爲用象形文字所表達的中國著作具有特殊的力量而且表現力巨大」。〔註 10〕正因此，儘管由於劉繼文的破壞使肇慶會院遭到了很大損失，但利瑪竇等人通過書籍進行對話的努力，帶來了巨大聲望，爲長期傳教「播下了未來的豐收」。「神父們努力贏得的博學的聲譽，這不是一種虛榮，而是著眼於他們到這裡來的目標，那就是要促進基督教的事業，在一切場合他們都有意地把這點交織在談話之中」。〔註 11〕

　　1588 年，由於羅明堅廣西之行，以及馬丁事件所造成地方官的不信任，使傳教活動蒙上陰影，羅明堅被調往羅馬。利瑪竇便作爲中國教區傳教事務的主要推動者，和適應策略的執行人，積極應對各方壓力，調整政策，適應當地文化環境。

　　1589 年，利瑪竇前往韶州傳教。藉此機會，利瑪竇開始進一步探索適應本地文化的方法，並取得一定的成效。在韶州，利瑪竇加緊閱讀中國書籍，如「《六經》《語》《孟》及《性鑒》《史記》諸書」，並能融會貫通。劉承範曾記載：「孫業《詩》，以《蒸民》《元鳥》章問。余業《易》，以《易》與《天地》准章問僧，皆能言其旨。孫目余笑曰：『余兩人各治一經，而僧兼之，寧不見笑於彼乎？』遂揖去。蓋自是僧之名重矣。諸達官過韶間，有不入城而

〔註 9〕 利瑪竇、金尼閣：《利瑪竇中國札記》，何高濟、王遵仲、李申譯，北京：中華書局，1983 年，第 171 頁。

〔註 10〕 利瑪竇、金尼閣：《利瑪竇中國札記》，何高濟、王遵仲、李申譯，北京：中華書局，1983 年，第 172 頁。

〔註 11〕 利瑪竇、金尼閣：《利瑪竇中國札記》，何高濟、王遵仲、李申譯，北京：中華書局，1983 年，第 216 頁。

獨拜謁西僧者。」〔註12〕並將四書翻譯成拉丁文,「今年我們都在研究中文,是我念給目前已去世的石方西神父聽,即四書,是一本良好的倫理集成,今天視察員神父要我把四書譯爲拉丁文,此外再編一本新的《要理問答》。這應當用中文撰寫;我們原有一本(羅明堅神父編的),但成績不如理想。此外翻譯四書,必須加寫短短的注釋,以便所言更加清楚。託天主的幫忙,我已譯妥三本,第四本正在翻譯中。這些翻譯以我的看法在中國與日本爲我們的傳教士十分有用,尤其在中國爲然,四書所述的倫理猶如第二位元塞尼加的作品,不次於古代羅馬任何著名作家的作品」。〔註13〕這使得利瑪竇對儒家文化有了更加深入的理解,爲他之後堅持走附儒、合儒的路線奠定了基礎。

　　1591 年,利瑪竇著手翻譯《四書》,到 1594 年已經基本翻譯完畢,隨後,開始撰寫中文教理書,「每天聽他授課兩小時,而後編寫,全由我執筆,這樣準備寫本有關於教義的書,用自然推理證明教義爲眞,印刷後將在中國使用」,這本教理書即爲之後在北京正式出版的《天主實義》。可見,韶州時光爲利瑪竇傳教生涯的蟄伏期,爲他之後走向江南乃至北京的輝煌做好了充分準備。

二、友道的得失

　　起初,利瑪竇在肇慶和韶州的社會交往中,以地方官員爲主,而士紳階層對利瑪竇等傳教士則少有好感,反而百般習難,形成一股反對勢力。之後利瑪竇吸取教訓,開始改變僧人形象,積極向作爲地方社會中堅力量的士紳階層靠攏。

　　在肇慶期間,利瑪竇等人比較注重和地方官員保持良好的友誼,而實行這種交往方式與當時社會環境密不可分。當時,明庭尚未形成對澳門的穩固政策,海禁政策儘管鬆弛,但作爲沿海前沿的廣東人,對倭患以及西方殖民者沿海掠奪活動記憶猶新,認爲葡萄牙人「招誘亡命,掠買子女,出沒縱橫,民受其害」。更有甚者,流傳說:「買十餘歲小兒食之,每一兒予金錢……居二三年,兒被掠益眾」。〔註14〕儘管流言並非事實,但由此可見民眾的反感情

〔註12〕劉承範:《利瑪竇傳》,閻純德主編:《漢學研究》(第十三集),北京:學苑出版社,2011 年,第 375 頁。

〔註13〕利瑪竇:《利瑪竇書信集》,羅漁譯,臺北:光啓出版社,1986 年,第 134~135 頁。

〔註14〕嚴從簡:《殊域周諮錄》,北京:中華書局,1993 年,第 8 頁。

緒，而這也波及到了傳教士，在當地民眾看來，傳教士與歐洲商人沒什麼分別。實際上也是如此，耶穌會爲了解決經費問題，廣泛參與澳門與日本之間的生絲貿易，還在葡萄牙商人來廣東貿易活動中，起到很大作用。起初，羅明堅爲了進入中國，跟隨葡萄牙商人進入廣州，充當中葡商人之間的翻譯。1585 年，爲了幫羅明堅解決進入浙江傳教問題，葡萄牙商人以高價買回王泮兄弟的貨物，王泮之弟非常感激，將羅明堅和麥安東親自送到浙江。而這種聯繫也貫穿肇慶傳教始終，利瑪竇如此描述肇慶教堂與歐洲之間的關係，「肇慶的教團對澳門也是一大幫助。從澳門前來跟總督商談的葡萄牙人，在進行業務交易時常常得到神父們的支持。我們不止一次地救助沉船的歐洲人，他們在廣東海面難測的沙灘上遇難，被解押到總督的官府去。教團也處於有利的地位，救援從澳門逃亡的奴隸，每年都有一些奴隸掙脫了奴役的枷鎖，到中國人中間去尋求自由，但他們在那裏卻難得找到它。這些逃亡者一般都會被軍事長官拘捕，這批人比正規士兵更勇敢，更善於使用武器，因爲他們跟葡萄牙人有聯繫。他們大多數是中國所害怕的日本人或者非洲的衣索比亞人，叫做卡菲爾人的，或者是來自大小爪哇島的人，如此等等，他們的勇悍和野蠻的天性使他們比中國人更好戰。當逃亡者被軍警帶到總督面前時，如果他們是基督徒，總督就告誡他們更注意這個事實，寬恕他們，勸他們回到他們主人那裏去。一般說要他們回去並不困難，因爲他們發覺，聽軍官的話比受葡萄牙人的奴役更嚴酷可怕。雙方均因這種做法而獲益；僕人回到他們能進行宗教禮拜的地方，葡萄牙家庭則重新得到僕人，他們的勞動是非常有用的」。〔註15〕

正由於和澳門這種緊密的聯繫，遭到當地人的反對。羅明堅在第一次進入廣州時，受到海道官員的允許，寄居在外國會館中，但當地人整日圍在房間門口觀看，甚至半夜都有人「站在那裏往裏面看」。爲了趕走陌生的羅明堅，「有的想到用魔術，在牆上打洞，以便偷襲或想嚇唬我」，一天進來一個人，用石塊打破自己的頭，誣賴羅明堅打傷了他。由於羅明堅與當地官員非常友好，海道官員深信羅明堅是無辜的，並懲罰了當地人。從此，「海道對我的優待很快傳遍全城，一般百姓都不敢惹我，而其它低級官員爭相和我交往，其中有一位是兩廣軍司令，我曾贈他一雙鐘錶，他始終是我要好的朋友，曾有

〔註15〕利瑪竇、金尼閣：《利瑪竇中國札記》，何高濟、王遵仲、李申譯，北京：中華書局，1983 年，第 220～221 頁。

意把我帶進內陸」。〔註16〕這件事情給羅明堅和利瑪竇很大啓示，即交好當地最高官員，取得官方保護，使傳教建立在穩定的基礎上。也正因此，利瑪竇等人甚至認爲，只要取得皇帝的首肯，就能迅速皈依中國的廣大民眾。而這種策略，從羅明堅直至被利瑪竇所延續，從廣州一路北上，直到開教北京，當得知很難見到皇帝，才放棄這一政策，將傳教重點開始下移。但在與官員的交往初期，也取得了很大成效，對促進文化交往起到了積極作用。

在肇慶、韶州期間，除了兩廣總督劉繼文試圖驅逐利瑪竇之外，大多數官員對利瑪竇等人抱有好感，並積極交往。最有名的要數肇慶知府王泮。

王泮是一位思想開明，聲譽良好的官員。文獻記載：「王泮，字宗魯，山陰人。嘉靖間進士，萬曆間官肇慶知府。有善政，累至湖廣參政。泮性恬淡，自奉如寒士，居官廉潔。詩詞沖雅，書法逸麗。」「與民接，未嘗疾言遽色。然端愨有執，雖門生故交，無所私。」〔註17〕在肇慶任職期間，王泮主持修建龍橋、崇禧塔，引瀝水由城東石頂泄潦出江，並整治學田，政績卓著。並與參政吳桂芳等人，開闢星岩十二景。高要、高明均爲其建祠紀念。而王泮本人對自己有更高的期許，在《崇禧塔》詩中將之表露無遺：「九層集岌控羚羊，日射金輪散寶光。危構不煩千日力，靈成應與萬年長。懸知窟是龍蛇蟄，會見人題姓字香。權日五雲天閣近，雙鳧直欲趁飛翔。」〔註18〕正是這種開闊的胸襟，使王泮在對待利瑪竇等傳教士的態度上，表現出與眾不同的開明。

1583 年，羅明堅和巴範濟返回澳門，正是受到王泮的邀請，羅明堅和利瑪竇得以重新進入肇慶。利瑪竇面見王泮時，更是盡力對王泮示好，「他們在長官衙門中受到禮遇，長官坐在它的官位上，當他們按習慣向他下跪時，他詢問他們是誰，來自何方，來此何事，他們通過譯員大致回答如下：『我們是一個宗教團體的成員，崇奉天主』爲唯一的眞神。我們來自那西方世界的盡頭，走了三四年才抵達中國，我們爲他的盛名和光輝所吸引。』然後他們解釋，他們請求允許他們修建一棟小屋作爲住所以及一座敬神的小教堂，多少遠離他們在澳門感到惱人的塵囂以及商人的喧嘩買賣。這就是他們的打算，他們想要建立一個住所併在那裏度過餘年。他們極謙卑地懇求他不要拒絕他們的祈禱，並說明這一項施捨會使他們永遠對他感恩不盡。在這他們答應遵

〔註16〕利瑪竇：《利瑪竇書信集》，羅漁譯，臺北：光啓出版社，1986 年，第 448 頁。
〔註17〕焦竑：《國朝獻徵錄》，上海書店，1987 年，第 19、220 頁。
〔註18〕黃雨等編著：《肇慶歷代詩選》，廣州：廣東人民出版社，1986 年，第 166 頁。

紀守法，不花費他人。」〔註 19〕由此，利瑪竇得到王泮的信任，並成功取得在肇慶居住的許可。在王泮的親自過問下，利瑪竇建立起第一座教堂。通過交往，王泮「發現歐洲教士在學術和文化方面比他想像的更要爲先進，他決定賜給他們一種中國人很重視的恩寵」。即贈送給教堂兩個匾額，分別是「仙花寺」和「西來淨土」，分別掛在教堂門口和會客廳。這「大大提高了神父們在各階層百姓中的聲望」，以致「沒有人在離開那裏時會不注意到傳教士極受當地高官禮敬的事實」。〔註 20〕不僅如此，王泮尚賦詩一首以示隆重。〔註 21〕

但在肇慶初期，利瑪竇由於面臨當地百姓對他們的懷疑，傳教事務並不順利，但正是在王泮的保護下度過難關，這在「崇禧塔事件」中表現最明顯。在王泮的保護下，利瑪竇成功擺脫了當地人企圖將他驅逐企圖，使教士們在當地「越來越牢固地立身」。〔註 22〕

由於王泮的保護和信任，利瑪竇和王泮進行了更廣泛的交往，「長官經常去拜訪神父們，隨他們去的還有其它高官。在這種場合，他從不放棄任何機會一本正經地讚揚他們。新月節重臨那天，神父們到長官府去，按習慣的儀式向他致敬，他也禮貌周到地接待了他們。確實像他們經常說的那樣，在他們開始傳教的時候，他們得到了這爲長官對他們提供的最大幫助」。〔註 23〕不僅如此，當王泮看到教堂接待室懸掛的歐洲地圖時，建議利瑪竇繪製一幅中文的《山海輿地圖》，並親自督印，「但他不願賣給任何人，而只把它當作重禮，贈送給中國有地位的人」。〔註 24〕可見，王泮對早期中西文化交流做出了很大貢獻。此外，羅明堅的《天主聖教實錄》得到了王泮的潤色，在即將出版時，利瑪竇請王泮爲書作序，當時升任嶺西道的王泮表現的相當謙虛，「他看了我們的《天主實錄》後，非常高興地說：寫的不錯，理由也充足，但他

〔註 19〕利瑪竇、金尼閣：《利瑪竇中國札記》，何高濟、王遵仲、李申譯，北京：中華書局，1983 年，第 161 頁。

〔註 20〕利瑪竇、金尼閣：《利瑪竇中國札記》，何高濟、王遵仲、李申譯，北京：中華書局，1983 年，第 172～173 頁。

〔註 21〕【美】林斯特拉：《1583～1584 年在華耶穌會士的 8 封信》，萬明譯，載任繼愈主編：國際漢學（2），鄭州：大象出版社，1998 年，第 263～264 頁。

〔註 22〕利瑪竇、金尼閣：《利瑪竇中國札記》，何高濟、王遵仲、李申譯，北京：中華書局，1983 年，第 267～269 頁。

〔註 23〕利瑪竇、金尼閣：《利瑪竇中國札記》，何高濟、王遵仲、李申譯，北京：中華書局，1983 年，第 167 頁。

〔註 24〕利瑪竇：《利瑪竇書信集》，羅漁譯，臺北：光啟出版社，1986 年，第 60 頁。

稱不能撰寫序言，似乎別人也不能撰寫。並謂它不需要什麼序言，就這樣分送給百姓者即可」。並且王泮對利瑪竇等人出版書籍大加讚揚，促進了該書傳播，「當嶺西道尹來會院拜訪我們時，也往往帶別人一塊來，參觀我們的房舍與其中的器物、書籍，曾要幾本《天主實錄》回去」。〔註25〕

在王泮的保護下，利瑪竇在廣東的傳教基本穩定。利瑪竇不僅和王泮保持了良好的關係，還和鄭應麟、郭應聘、吳善等人有密切往來，這對利瑪竇的傳教工作奠定了基礎。利瑪竇后來回憶道：「我們結識了當時的將領或兵備道徐大任，他後來在南京的朝廷中任侍郎的高官。也是在這裡，我們認識了騰伯輪，他從本城的布政司升遷爲南京的總督，還認識了另一個做了貴州省總督的大官（郭青螺）。再有我編年史中常常提到的朋友瞿太素，他賜給耶穌會和整個教堂的許多恩典，已由上帝償以信仰之禮。……如果要列舉所有那些最後當了大官並且後來有助於基督教的進展的廣東省人，那名單會是沒有窮盡的。當然，所有這些還僅僅是潛在的果實，還藏在種子裏，將會成長爲果樹並提供賜福休憩的樹蔭。」〔註26〕

但詳細考察利瑪竇在廣東的交往，可見其在中國傳教初期，並沒有眞正進入到中國社會的深層。與上層官員的往來，只是出於其上層傳教策略的考慮，卻使得傳教活動依賴於官員的好惡，這在王泮後期體現的更爲明顯。

羅明堅、利瑪竇在肇慶打開局面以後，受國際環境的壓力，急於到內陸傳播天主教文化，以便開闢新的傳教區，使中國教團更加穩固。但王泮和鄭一麟等人認爲這是不妥的，甚至會影響他們的政治前途。於是，當羅明堅和麥安東來到王泮的故鄉紹興傳教時，就遭到王泮家人的反對，藉口肇慶神父來信將他們召回肇慶。因羅明堅等人違背了與王泮最初的「不得在外傳教」的協議，所以王泮的態度就急轉直下，首先拒絕了利瑪竇等人每個月的例行拜訪，同時下令抹掉他在匾額和地圖上的簽名。此外，羅明堅的廣西之行失敗，王泮擔心傳教士在廣西引起的騷動會給自己帶來麻煩，也擔心新上任的總督吳善會不喜歡傳教士留在內地，便下令要將利瑪竇等人遣回澳門。在利瑪竇的苦苦哀求下，王泮才推說：「他本人一向很看重神父，並不反對他們，只是廣州的官員認爲，傳教團的出現會給國家帶來大禍，此外當地老百姓也

〔註25〕利瑪竇：《利瑪竇書信集》，羅漁譯，臺北：光啓出版社，1986年，第64頁。
〔註26〕利瑪竇、金尼閣：《利瑪竇中國札記》，何高濟、王遵仲、李申譯，北京：中華書局，1983年，第218頁。

有不滿之處」。最後王泮同意他們只能留下一兩人，不得再增加神父，「如果他們帶進人來，那就馬上把他們攆走，毫不留情。不服從這個命令，據只能證明他們在陰謀顛覆國家」。並給當地巡捕下令，讓他們監視傳教士的舉動，隨時報告發生的一切事情。〔註27〕隨後發生的馬丁事件，以及百姓「衝擊教堂」事件，儘管在當地官員的保護下化險爲夷，但肇慶的傳教事業已經岌岌可危，最後在新任總督劉繼文迫使下，不得不轉向韶州發展。而王泮也急於擺脫傳教士帶給他仕途上的困擾，改任到湖廣參政，就此，王泮在肇慶與利瑪竇等人的接觸基本結束。可見，官員在個人利益與對利瑪竇的友誼間搖擺不定，只要不觸及個人仕途的事情，官員基本是不干涉傳教士的。

除了官員態度外，在廣東期間交往人員中，僑居官員和本地官員的態度有明顯差別。一般按明庭規定，縣級以上官員一般是採取迴避政策，但縣級佐貳官則大多由當地人出任。來廣東與傳教士交遊的官員大多來自浙江、湖廣等地，思想開放，也會影響他們對待傳教士的態度。但來源本地的佐貳官則會出於本地利益的考慮，和受當地民眾排外情緒的感染，對傳教士採取更保守的態度。這在王泮的好友譚君瑜身上完全體現出來。

譚君瑜，肇慶人，在關於修建教堂選址問題上，與利瑪竇首次接觸。當時肇慶知府王泮允許利瑪竇在肇慶定居建堂，但以譚君瑜爲首的監修官員和當地的秀才們並不同意傳教士進入肇慶，更何況王泮原打算讓利瑪竇在修建崇禧塔的範圍之內選擇建堂的地址，這就直接觸犯了本地人的利益。於是他們就散播謠言，聲稱利瑪竇勾結澳門商人。譚君瑜專門與利瑪竇交涉此事。譚君瑜認爲，利瑪竇選擇開工建教堂的日子是不吉利的，但利瑪竇認爲「哪個日子都一樣吉利」，最後由於趕上下雨，開工被迫推遲，爭執也就和平解決，「防止了可能的麻煩」。事後神父向譚君瑜等人解釋來肇慶的目的，「到這裡來不是要侵犯這個國家，或侵犯曾經如此善待過他們的城市，他們無意做任何可能被理解爲有害的事」。譚君瑜不敢違背王泮的命令，只得同意和利瑪竇和解此事，讓利瑪竇放棄原劃定的選址，作爲交換，另撥一塊在崇禧塔範圍之外的地皮給利瑪竇。〔註28〕1586年，當羅明堅浙西之行無果告歸，王泮對

<hr>

〔註27〕利瑪竇、金尼閣：《利瑪竇中國札記》，何高濟、王遵仲、李申譯，北京：中華書局，1983年，第199～200頁。

〔註28〕利瑪竇、金尼閣：《利瑪竇中國札記》，何高濟、王遵仲、李申譯，北京：中華書局，1983年，第165～166頁。

傳教士態度冷淡時，譚君瑜認為挑撥王泮和神父關係的機會來了，鼓動羅明堅去訪問湖廣地區，並幫忙想辦法取得王泮的許可。羅明堅一心想開闢新的傳教區，就請示孟三德神父同意了此事。但結果比浙西之行更為糟糕，羅明堅不顧明朝禁令，試圖接近廣西桂林的一位皇親，借機促成教團進京朝貢計劃，遭到當地官員的反對，被拒於城外。羅明堅被迫返回，但卻使肇慶教團陷入危機，王泮得知後大怒，嚴令監視教士傳教活動，開始疏遠傳教士。「這次努力會危機已取得進展的工作，那是迄今尚缺乏任何永久性的保證的」。〔註29〕而這次事件，迫使范禮安派遣羅明堅返回歐洲，傳教事業遭到損失。

　　1588年，王泮調任湖廣參政，神父失去了保護傘，譚君瑜暗中聯合當地耆宿老人策劃了控告事件，觸動了肇慶會院的根基。〔註30〕耆宿老人在明代政治中有著特殊的地位，按明太祖朱元璋開國初期的設想，定期通過舉行鄉飲酒禮，在各地方百姓中，選擇「年高有德，無公私過犯」，「市井稱善，所以拔居群民之上，名為耆宿」，這使得地方宗法家族跟政權緊密聯繫在一起。〔註31〕這些耆宿老人的責任在於，「凡賢人官於是方，公事疑難，則會（耆宿）而請決之」，而地方官員的政績是非，「許境內耆宿老人、遍處鄉村市井士君子人等，連名赴京狀奏」。〔註32〕可見朱元璋賦予這一階層很大的參政權，而也正是這一階層，在反對傳教士在華活動中，扮演了重要角色。在遞交給廣東察院的控告書中，主要說明了兩層意思：其一，將傳教士與澳門葡萄牙商人相混淆，認為傳教士是間諜，刺探中國機密，以便「遣使皇上」，「希圖進入我國，與我國人民進行土產交易以求互利」。並認為傳教士得到了葡商的支持，修建崇禧塔的費用也是來自於葡商，這與法律規定的禁止外國人進入國內的政策相違背。傳教士和葡商有密切聯繫是有事實根據的，但耆宿老人顯然將傳教士希望進行和平往來的願望，與之前葡萄牙殖民者的暴行相聯繫，認為其危害了國家安全，表現出對外事的無知和眼光的狹隘性。更何況，葡

〔註29〕利瑪竇、金尼閣：《利瑪竇中國札記》，何高濟、王遵仲、李申譯，北京：中華書局，1983年，第196～198頁。

〔註30〕【法】裴化行：《利瑪竇神父傳》，管震湖譯，北京：商務印書館，1993年，第121頁。

〔註31〕《御製大誥續編》耆宿第八，載《洪武御製全書》，合肥：黃山書社，1995年，第799頁。

〔註32〕《大誥》民陳有司賢否第三十六，載《洪武御製全書》，合肥：黃山書社，1995年，第765頁。

商進入廣東貿易這是得到當時張居正允許的，並演變成一項長期政策，耆宿老人的這項指責顯然是保守的。其二，認爲傳教士在廣東的出現，激發了民眾「對新鮮事物的天生好奇」，長期交往，「會誘使一些百姓遠涉重洋」，這對國家而言是場災難。並危言聳聽道·「肇慶的難題則在內部，猶如腹心大患，理應即刻重視。」〔註33〕可見，耆宿老人維護社會穩定的責任感是無可厚非的，但作爲宗法制的代表，他們是「中國歷代閉關鎖國政策和封建傳統的積極維護者。雖然他們不瞭解傳教士與西方文化之間的關係，但顯然已經意識到傳教士所帶來的東西，會開啓中國人民對外來新鮮事物的好奇和嚮往，這將不利於中國封閉和保守的傳統社會的延續與安定」。〔註34〕這同樣是對幕後主使譚君瑜的眞實寫照，隱含了基層守舊階層保守的一面。利瑪竇一方面廣泛聯絡肇慶知府方應時，結交嶺西道黃時雨，以便取得他們的支持和信任，另一方面針對控告書，寫了一份申辯書，聲稱崇禧塔費用與葡商毫無瓜葛，來肇慶的目的在於獻身宗教，「在這整個時期內他都小心翼翼地不傷害任何人，嚴格遵守國家的法紀」，指出老人們的非難是無根由的。最後肇慶知府以控告書不符合事實爲由結案，並將利瑪竇的申辯書和審理過程按司法程序申報廣東察院，至此，「一勞永逸地而又巧妙地結束了這場特殊的而且肯定是危險的事件」，譚君瑜與耆宿老人的計劃破產。〔註35〕

但譚君瑜等人並沒有放棄驅逐傳教士的計劃，隨著1589年新任總督劉繼文到來，譚君瑜抓住劉繼文迷信的弱點，促使劉繼文熱衷於在將肇慶教堂改造爲他的生祠，而將利瑪竇等人遣回澳門，結果在利瑪竇的巧妙週旋下，劉繼文把利瑪竇改到韶州傳教。事後利瑪竇對譚君瑜評價說：「我們感到很難把他列入究竟是朋友還是敵人。」〔註36〕關於利瑪竇被驅逐肇慶的原因，近人根據劉承範的《利馬傳》，認爲劉繼文是基於軍事上的考慮，但這並不排除「生祠說」。原因在於，劉繼文個人品行不端，難免受到譚君瑜蠱惑。而劉繼文作

〔註33〕 利瑪竇、金尼閣：《利瑪竇中國札記》，何高濟、王遵仲、李申譯，北京：中華書局，1983年，第211頁。

〔註34〕 沈定平：《明清之際中西文化交流史》，北京：商務印書館，2007年，第271頁。

〔註35〕 利瑪竇、金尼閣：《利瑪竇中國札記》，何高濟、王遵仲、李申譯，北京：中華書局，1983年，第212～214頁。

〔註36〕 利瑪竇、金尼閣：《利瑪竇中國札記》，何高濟、王遵仲、李申譯，北京：中華書局，1983年，第221頁。

為韶州同知，主管軍事防務，對上司私事及肇慶事務本不在許可權之內，且對上司行為不檢點之事，也不會載入他人傳記著作，此為大忌。對於 1595 年利瑪竇借劉繼文第五子拜見徐大仁之事，這本屬情理之中，因為利瑪竇與劉繼文並未因此結怨，反而允許改派韶州，不僅在華活動未受影響，且多受其照顧。

由此可見，當地循吏出於利益考慮對利瑪竇的活動採取更為現實和保守的態度，而譚君瑜正是代表了當時大多數廣東本籍官員的態度，這成為利瑪竇在廣東期間所面對的現實，甚至在韶州同樣會有像譚君瑜一樣的官員從中作梗。本地人出於地區利益考慮本無可厚非，但卻間接影響了以傳教士為媒介的文化交往。

在韶州期間，利瑪竇改變了政策，諸如教堂設計更當地語系化，不再公開擺設西方工藝品等等，並且與澳門的聯繫也漸漸減少，以防止麻煩。因此利瑪竇與地方官員的交往也更為融洽，並順利訪問英德、南雄等地，積極開展教務，與各階層交往。在這一過程中，利瑪竇逐漸認識到了儒生在中國社會的地位，開始對在華傳教政策做根本的調整，即著儒服，確立西儒形象。

1594 年 4 月，兵部侍郎佘立受招北上途徑韶州，請利瑪竇幫助治療他患病的兒子，同意帶利瑪竇前往北京。〔註 37〕藉此機會，利瑪竇私下做了一套漂亮的綢緞儒服和一頂帽子，也悄悄地蓄鬚。5 月 9 日，他們從韶州出發，抵達吉安時，兩人就此分手，在 5 月 17 日，利瑪竇經過吉水首次公開穿儒服拜訪逗留於此的韶州知府。耶穌會總會長可能早在 1594 年 7 月已經對利瑪竇改穿儒服的主張做了肯定的答覆，但利瑪竇直到 1595 年在樟樹才正式改裝。〔註 38〕這是由於「遠離廣東的熟人進入一個完全新的環境換裝，不使人感到突然；在拜訪一直友好相處的韶州知府時換裝，萬一被認為不妥也不會受苛責；而在進入大城市南昌時一如既往地再穿僧袍」。〔註 39〕而實際效果卻是得到了認可，知府「很高興地接待了我，而不要我向他行跪拜禮」。〔註 40〕從此利瑪竇

〔註 37〕林金水先生認為並非石星，而是另有其人。宋黎明認為是佘立，有待進一步考訂。

〔註 38〕計翔翔：《關於利瑪竇衣儒服的研究》，載《世界宗教研究》2001 年第 3 期，第 75 頁。

〔註 39〕計翔翔：《關於利瑪竇衣儒服的研究》，載《世界宗教研究》2001 年第三期，第 83 頁。

〔註 40〕利瑪竇：《利瑪竇書信集》，羅漁譯，臺北：光啟出版社，1986 年，第 158 頁。

便拋棄了僧侶稱號，利用儒服更當地語系化的服飾更深入融入進了中國社會。

第一節　江南模式

在南昌、南京期間，利瑪竇開始成功樹立西儒形象，著書立說，結交士大夫，積極融入相對開放、多元的江南文化氛圍，形成了其傳教思路與風格，本文將之稱為「江南模式」。

一、西儒形象的確立

利瑪竇於 1595 年 5 月 31 日到達南京，隨即拜訪南京工部侍郎徐大任，由於正值壬辰戰爭期間，地方官員對私通外國人很敏感，利瑪竇遭到驅逐，無奈之下只好返回南昌。此時的利瑪竇是郁郁寡歡的，朝思暮想能在兩京立足，並曾夢見天主幫助他在京城自由傳教。而這給了他莫大的安慰，由此他對南昌給予希望，設法取得地方官員的保護和認可。而南昌的人文環境也深深吸引著利瑪竇，在其回憶錄中對南昌開放的社會氛圍描述道：「江西的省會是南昌。它並不是一座最大和最繁華的城市，但它因知識階層的人數多而聞名全國，他們從這裡出去擔任政府的各種要職。它的幅員大致和廣州一樣大，不過商業貿易不如廣州。這兒的百姓是勤儉的，習慣於生活簡單，儘管他們奉行的宗教，其中有很多人仍然是中國齋戒的嚴格遵守者。知識分子，即受過教育的階級，形成一個社會；而且在規定的日子，其中一些最有學識的人舉行有關實踐各種德行的討論會。倘若有人從他們的外表來判斷，他必定認為，他們的文雅風度再沒有什麼可以添加的了；但他們缺乏真正信仰的光明，盲無目標地在德行的道路上徘徊，是沒有牧人的迷途的羔羊」。〔註41〕

為了取得在南昌的居住權，利瑪竇首先著重樹立自己的西儒形象：〔註42〕

由於在中國多年的經驗，為辦事有成應舉止端莊與具有威儀。因此當離開韶州前，已經做好一套漂亮的綢質服裝，準備在特殊場合穿用，另有幾套為平時使用。所謂漂亮講究的，即儒者、官吏、顯貴者所用，是深紫色近乎墨色綢質長衣，袖寬大而敞開，即袖口不縮緊，

〔註41〕利瑪竇、金尼閣：《利瑪竇中國札記》，何高濟、王遵仲、李申譯，北京：中華書局，1983 年，第 293～294 頁。

〔註42〕利瑪竇：《利瑪竇書信集》，羅漁譯，臺北：光啟出版社，1986 年，第 202～203 頁。

在下方鑲淺藍色半掌寬的邊，袖口與衣領也鑲同樣的邊，而衣領爲僧式，幾乎直到腰部。腰束腰帶，腰帶前中央有兩條並行的同樣寬飄帶，下垂至腳，類似我們的寡婦們所用的。鞋子也是綢質，手工很細。頭戴學者所用之帽，有點像主教用的三角帽。在中國各階級有自己的服飾，用屬於階級的服飾自然增加自己的地位與權威；在初結某人爲友或在節日喜慶宴上，或與官員相會時，非穿屬於階級的服裝不可。因此我們決定也讓郭居靜神父穿同樣的儒者裝。

從此我們決定放棄「僧」這個稱呼，這是我們初來中國直到最近常用的。僧和我們的托缽會兄弟差不多，在中國並不太受重視。在這裡計有三大宗教：儒、釋、道，而釋可說地位最低的一個，他們不結婚，每日在寺中念經禮佛，多不讀書，可謂是低級百姓之一。他們固然也將修行立功，但一般而言，他們的毛病卻不少，派別又多，因此官吏多不理睬他們。和尚削髮去鬚，住在寺廟中，不成家，每日僅照顧神壇而已。我們既稱僧人，很容易被人目爲和僧人是一丘之貉。因此學者多次不願我們參加他們的聚會。因此在視察員神父的指示下，換上儒者的服裝，把鬍鬚留下，不幾個月我的鬍子便長得相當長。我們要傭人及我們的學生稱我們爲「先生」，並非爲了尊敬我們，而是更換地位，我們已多次聲明，我們是神學家與儒者。所謂儒者，目前在中國到處都有，我們以此名義出入文人學士的場合。顯貴與官員多喜歡和我們往來，而不太容易和僧人交往，不但南京如此，中國其它各地也莫不如此。自我開始稱「儒家」後，現在很少人再以「僧人」看待我們了。

同時我也讓傭人穿長衣，我出門時乘轎子，是人用肩扛著走，正如歐洲要人一般。另外還有兩三個傭人跟著我，這樣做不但是增加我的地位，而且還是爲了需要，因爲在這裡很多要人來拜會我，而我應一一回拜；我非鐵打的人，在這那麼大的城市中，如南京與南昌，抬轎如何能步行啊？

正由於此，當利瑪竇身著儒服拜訪醫生王繼樓，後者完全被利瑪竇的西儒形象吸引，引爲同道。在王繼樓的大力引介下，利瑪竇的西儒形象取得了極大效果，並被南昌士人階層所接受。「大家都喜歡神父的儀表，喜歡和他交接；而他們都態度友善，這又給了神父一個機會，把他目前的一些處境插進談話

裏來。」〔註 43〕在南昌知府王佐和巡撫陸萬陔面前，王繼樓等士人極力爲利瑪竇美言，當巡撫陸萬陔見到利瑪竇時，更是非常驚異，「他發現這個洋人諳習中國的禮儀和習慣並通曉中國文獻」。〔註 44〕口頭允諾利瑪竇居住在南昌，並給予官力保護。深諳中國官場之道的利瑪竇，也沒有在官方文牒上過於糾纏，就順其自然地建房設堂。

正是由於西儒形象的確立，爲利瑪竇打開了南昌社會的大門。但另一方面，利瑪竇也爲這一身份必須捨棄過於宗教化的生活習慣，以取得南昌知識階層的廣泛認同。朱維錚先生對此有過精妙的評論：〔註 45〕

> 利瑪竇的初衷，無非要通過「易服色」，取得士紳的同等禮遇，例如出入公門較自由，拜訪官員不用跪著講話等等。他固然如願以償，從此在華耶穌會士得以躋身士林，然而由此帶來的其它效應或爲他始料不及。

> 傳教士在歐洲也是「僧侶」，來華後脫去黑袍、披上袈裟，雖有混同佛道之嫌，但還是出家人，宣揚宗教是其本業。一旦脫去袈裟，改穿儒服，在中國人看來便意味著還俗。尤其因爲中國傳統向來看重名實關係，儒士好佛尚被譏爲「侫」。服色同於有功名的世俗儒士，再要公然傳播宗教，並且是已被當時中國社會遺忘已久的域外之教，用傳統的眼光來看，非但屬於不務正業，還大有秘密結社之嫌。

由此，利瑪竇爲了向士大夫靠攏，開始淡化宗教身份。南昌教堂更像是晚明社會流行的書院格局，「目前建造聖堂尚不是時候，主要得先有一個講道之所。做彌撒可在一房間中舉行，還不能公開做；客廳當然可當布道所，布道越多，成果越多，而交談方式較布道方式更有效。」〔註 46〕對於傳佈宗教活動，利瑪竇也是非常謹慎，「我們不能聚集很多人給他們布道，也不能聲明我們來這裡是傳揚天主教，只能慢慢地，個別的傳道不可」。〔註 47〕

〔註 43〕利瑪竇、金尼閣：《利瑪竇中國札記》，何高濟、王遵仲、李申譯，北京：中華書局，1983 年，第 295 頁。

〔註 44〕利瑪竇、金尼閣：《利瑪竇中國札記》，何高濟、王遵仲、李申譯，北京：中華書局，1983 年，第 294 頁。

〔註 45〕朱維錚：《利瑪竇在中國》，載上海博物館編：《利瑪竇行旅中國記》，北京大學出版社，2010 年，第 41 頁。

〔註 46〕利瑪竇：《利瑪竇書信集》，羅漁譯，臺北：光啓出版社，1986 年，第 219 頁。

〔註 47〕利瑪竇：《利瑪竇書信集》，羅漁譯，臺北：光啓出版社，1986 年，第 220 頁。

在世俗層面，利瑪竇踐行西儒形象。比如，幫助當地士人解答數學問題，製作日晷等科學儀器，而最有效的莫過於利瑪竇的記憶之術，這為「西儒」形象傳播產生了積極影響。

利瑪竇在 1595 年 8 月 29 日寄給孟三德的信中對此有詳細論述：〔註48〕

　　有幾位高級的文官為我設宴，有一件事使我倍增榮譽，就是我能很快背誦中國字。我與他們打賭，表示我認識很多中國字；這是為服侍上主與光榮天主是很重要的，我告訴他們，任意寫多少中國字於一張紙上，彼此不必按一定的程序，只要念一次，我就可背出它來，一如所寫的程序一樣。他們就如此照辦了，不按程序寫了很多字，我念完了一次，就如他們所寫的同樣又背了出來，他們於是都驚奇不止，像是一件大事，而我為使他們更驚奇，我又將他們倒著背誦出來，感覺毫無困難，從最後一個回到第一個字一字不漏。這樣更使眾人大驚失色。後來，他們就要我教他們這種神奇記憶的方法，如何能有這樣好的記憶力。為此，在文人中，我的聲譽四揚各處，使我無法承受，秀才們每天來，還有別的重要人來求我，教他們這種學問，要拜我為師，行拜師禮，並付師禮金。我回答他們說，我不接受金錢，而現在，還沒有定居下來，又沒有同伴，又沒有合適的房子，另外又因太忙所以不能接受學生，要先定下來，慢慢地找房子，如此地先安慰他們。實在，記地方名字，是中國文字特有的事，因為他們各有便利與用途，每字都繪一個圖形，而表示一件東西。我這種背記地方名字的本事也傳到了都堂那裏，他也同我的醫生朋友，並和我談起了這件事。

由上可見，利瑪竇在南昌表演神奇的記憶術，首先吸引士人的是，一個外國人，竟在入華十三年間，如此嫻熟地記憶中國漢字，並對儒家經典運用自如。1596 年 10 月 13 日，利瑪竇在致耶穌會總會長阿奎維瓦的信中也說道：「對『記憶術』，很多人感到極大地興趣」。〔註49〕而另一方面，人們追捧利瑪竇超人的記憶術的原因，也是想學習這種記憶方法，為科舉考試服務。士子們認為，若能將西方記法付諸實踐，必能對他們通過科舉考試，進入仕途大有幫助。江西巡撫陸萬陔也有同樣的打算，他為了兩個兒子能榮登皇榜，不惜降下尊

〔註48〕利瑪竇：《利瑪竇書信集》，羅漁譯，臺北：光啟出版社，1986 年，第 163 頁。
〔註49〕利瑪竇：《利瑪竇書信集》，羅漁譯，臺北：光啟出版社，1986 年，第 230 頁。

貴的身價，向利瑪竇討教。根據陸萬陔的要求，利瑪竇將西方記憶方法編製成小冊子，即《西國記法》。

《西國記法》共分爲六章，分別爲：原本篇第一、名用篇第二、設位篇第三、立像篇第四、定識篇第五、廣資篇第六。按照內容，這六篇可以分爲兩大部份，即記憶理論（原本篇）和記憶方法，後者又可分爲西方記憶的方法（明用篇、設位篇）、記憶術在中國的應用（立象篇、定識篇）與實踐（廣資篇）。而其記憶方法主要是利用記憶術的地點法並結合中國古代六書的識字特點，介紹怎樣識記中國文字。簡言之，利瑪竇的記憶方法，主要將地點記憶法與形象記憶法相結合，在大腦中形成圖像，並儲存在大腦之中，經過多加練習便會純熟，記憶容量也會不斷擴展。此外利瑪竇結合西方生理學知識，認爲人與人之間之所以會有記憶方面的差異，主要原因在於個人稟賦的不同，並將記憶力與大腦的剛柔、印之難易、深淺相聯繫。〔註50〕

利瑪竇將該書贈送給陸萬陔，被廣泛刻印，廣爲流傳。而這不僅使利瑪竇取得了官方的支持，也極大提升了利瑪竇的個人魅力，擴大了西儒形象在南昌社會各階層的影響。

二、以文會友

利瑪竇在南昌短短三年間，對中西文化交往產生了重要影響，到1598年底，南昌已經擁有教徒200多人。此外利瑪竇還在南昌廣泛交遊。

利瑪竇在與南昌人士的交往中，一方面沿襲在廣東的做法，利用西方科技知識所帶來的神奇效應叩擊中國的大門，吸引中國人瞭解天主教。例如，「在南昌沒幾天中我做了兩架日晷和兩個地球儀，一份給巡撫，一份爲建安王。建安王爲還禮送給我很貴重的禮物──金錢，據中國人的習慣是不可以拒絕不受的；送金錢給富有的人或有地位的人並不違禮。我所製的日晷上附有黃道帶十二宮與其距離，還用中文書寫一些美麗的倫理格言。很多人非常喜愛這種模型。是用熟練得雕技雕刻在黑石之上。我刻印了很多份，以便贈送給朋友」。〔註51〕而另一方面，受江西地方文人士紳的影響，南昌文風十分昌盛，也促使利瑪竇借用書籍進行傳教。利瑪竇在廣東期間並沒有片語面世，而在

〔註50〕利瑪竇：《西國記法》，載朱維錚主編：《利瑪竇中文著譯集》，上海：復旦大學出版社，2007年，第143頁。

〔註51〕利瑪竇：《利瑪竇書信集》，羅漁譯，臺北：光啓出版社，1986年，第189頁。

南昌，僅 1595 年、1596 年兩年間，陸續有三本著作刊行，這為利瑪竇贏得了士林的廣泛尊重，大大提高了他本人的聲望，為利瑪竇的文化適應策略增添了新的因素，對傳教活動具有很大的示範效應。在利瑪竇之後，來華傳教士著述蔚然成風。除了上文提及的《西國記法》之外，最有影響的莫過於其在 1595 年刻印的著作──《交友論》。

中國士林早就有「以文會友，以友輔仁」〔註 52〕的傳統，明末士人的講學交友之風盛行即為具體體現。利瑪竇在與士人的長期交往中，就敏感地意識到這一點，嘗試將「以文會友」貫穿到傳教活動中。因此，利瑪竇一方面通過講學結交士人，爭取他們對天主教的同情和理解，另一方面，他試圖通過介紹西方書籍和知識，實施學術傳教。在寄給阿奎維瓦的信中，利瑪竇談及：「在這裡用書籍傳教是最方便的方法，因為書籍可以在任何地方暢行無阻；這裡很多人皆可看書，很多事皆可由書籍傳授，講話便沒有那麼方便，這是我們的多年經驗之談。」〔註 53〕顯然，利瑪竇清楚地認識到，善於用中文撰寫和編譯書籍，為天主教在中國傳播和發展帶來極大方便，「在中國的宗教派別，及宗教教義都是以文字書籍來傳播，而非以口語傳教的方式。……讀書人在休閒中所看到的書本的說服力量，比從講道臺上所傳來的說服力量更大，尤其講道者對當地語言尚未精通的時候」，此外，中國人「有以文會友的習慣，某人有時在家中讀到有關基督教義的文字，就會把它記下，有機會時，再同朋友討論」，更何況書籍「能在全國十五個省暢銷。此外，中文書籍也會受到日本、朝鮮、交趾支那的民眾的歡迎……我們所寫的書，其影響將是整個中國文化圈，而不僅是中國人。〔註 54〕利瑪竇也同樣認識到，基於中國方言眾多所帶來的交流不便，以文字的方式就往往能消除不同地域的交往障礙，這樣便能在中國士人中逐漸擴大天主教的影響，此外，士人階層在社會的表率作用，無疑也對普通民眾具有無形的影響力。

1595 年，建安王給了利瑪竇一個實現以文會友的絕佳機會，利瑪竇在為《交友論》所寫的引文，簡要說明了他出書的緣由：

〔註 52〕《論語注疏》卷一二顏淵，何晏注，邢昺疏，《十三經注疏》，北京大學出版社，2000 年，第 191 頁。

〔註 53〕利瑪竇：《利瑪竇書信集》，羅漁譯，臺北：光啓出版社，1986 年，第 324 頁。

〔註 54〕利瑪竇：《利瑪竇書信集》，羅漁譯，臺北：光啓出版社，1986 年，第 426 頁。

實也，自最西航海入中華，仰大明天子之文德、古先王之遺教，卜室嶺表星霜，亦屢易矣。今年春時，度嶺浮江抵於金陵，觀上國之光沾沾自喜，以爲庶幾不負此遊也。遠覽未周，返棹至豫章，停舟南浦，縱目西山坑奇把秀，計此地爲至人淵藪也。低回留之不能去。遂捨舟就舍，因而赴見建安王，荷不鄙許之以長揖賓序，設體歡甚。王乃移席握手而言曰：「凡有德行之君子，辱臨吾地，未嘗不請，而友且敬之。西邦爲道義之邦，願聞其論《友道》何如？」實退而從述曩少所聞，輯成《友道》一帙，敬陳於左。

由此，利瑪竇很快輯成《交友論》獻給建安王，得到建安王的大加讚賞，而利瑪竇的著作也由此在士人中間流傳開來。

1596 年 10 月 13 日，利瑪竇向阿奎維瓦詳細介紹了《交友論》的刊刻情況：「去年曾致力於用中文試撰《交友論》一書，是從我們的書中挑最好的作爲參考而編寫的，其中引用許多歐洲名人的遺訓或名言，因此引起中國學人們的驚奇，爲使該書更具有權威性，我還請大官馮應京寫一序文，後贈送給皇帝的親屬——建安王。後來不少學者爭相傳閱、抄錄，我也都使他們稱心滿意。尤其我的至友（馮應京）曾在他的故鄉未曾告訴我便刻版印刷了，上面也刻了我的姓名；我雖然有些不快，但他的善心仍值得讚揚。也有其它人刻印我編寫的書，對我們推崇備至」。〔註 55〕關於該書的體例，鄒振環認爲在 1595 年初刻本共計七十六則，並運用對話體，用拉丁文和中文兩種文字寫成，不久便全用中文刻印成冊，改爲格言體，內容也增加到一百則。〔註 56〕該書一經出版，即被一再傳抄，單行本除了馮應京和蘇大用的刻本外，還有閩中欽一堂本和朱廷策校本，而在明清之際，叢書收錄者也不下十種。〔註 57〕

該書的出版爲利瑪竇帶來了很大的聲譽，1599 年 8 月 5 日，在給朋友的信中，利瑪竇直言不諱地講到：「這本書給我以及我們歐洲增加的威望，超過此前所做的一切，因爲其它的事情只是使我們有了善於製造機械儀器工具的能工巧匠的名聲，而這篇論文卻爲我們贏得了文人、熱愛才智的美德的儒士

〔註 55〕利瑪竇：《利瑪竇書信集》，羅漁譯，臺北：光啓出版社，1986 年，第 231～232 頁。

〔註 56〕鄒振環：《利瑪竇〈交友論〉的譯刊與傳播》，《復旦學報》，2001 年第 3 期。

〔註 57〕方豪：《利瑪竇〈交友論〉新研》，載《方豪六十自定稿》下冊，臺北：學生書局，1969 年，第 1851 頁。

的美譽，因而一切人加以閱讀、接受、莫不熱烈讚歎」。〔註58〕不少士人正是憑藉該書，認識到利瑪竇的才學和人品，給予他各種幫助。而南昌士林也對利瑪竇的友道積極回應，結下了深厚的友誼。

馮應京由於抗擊礦監陳奉身陷囹圄，在拜讀利瑪竇的《交友論》後，有感而發，慷慨揮筆寫下兩篇序文。在後一序文中，馮應京感到「鳥有友聲，人有友生；鳥無偽也，而人容偽乎哉？」，「視西泰子迢遙山海，以交友為務，殊有餘愧。」於是決定將這本小冊子，「付之剞劂。冀觀者知，京重交道，勿忍見棄。即顏未承，詞未接，願以神交，如陽燧向日，方諸向月，水火相應以生。京何敢忘德，《交友論》凡百章，藉以為求友之贄。」〔註59〕可見，馮應京將利瑪竇引為同道中人，稱呼利瑪竇為「西泰子」，此後便再也沒有人敢用較差的稱呼，因而利瑪竇對此也是感念至深。

瞿太素與利瑪竇早就相識，當得知利瑪竇刻印《交友論》時，更是欣然作序，稱讚此書為「今利公其彌天之資，匪徒來賓，服習聖化，以我華文，譯彼師授，此心此理，若合契符，藉有錄之以備陳風采謠之獻，其為國之瑞，不更在楛矢白雉百累之上哉！至其論義精粹，中自具足，無俟拈出矣，然於公特百分一耳，或有如房相國融等，為筆授其性命、理數之說，勒成一家，藏之通國，副在名山，使萬世而下有知其解者，未必非昭事上天之準的也。」〔註60〕可見，在瞿太素看來，利瑪竇的友道，是與「正學」存在一致性和互補性的。

此外，利瑪竇結識了白鹿洞書院的章潢。利瑪竇未到南昌之前，章潢就對利瑪竇德行學識多有耳聞，而利瑪竇也很敬仰章潢的操行，二人一見如故。在章潢的介紹下，利瑪竇結識了不少南昌的文人學士。在此期間，利瑪竇將《天主實義》部份書稿交予當地文人過目，後來增添了部份內容，在北京出版，流傳甚廣，影響頗大。

從《交友論》開始，利瑪竇看到了以文會友的巨大效應，開始以著作傳教，即所謂的「啞式傳教法」。通過此種方式，他自覺地融入了中國士人以文

〔註58〕【法】裴化行：《利瑪竇神父傳》，管震湖譯，北京：商務印書館，1993 年，第 221 頁。

〔註59〕利瑪竇：《交友論》，見朱維錚主編：《利瑪竇中文著譯集》，上海：復旦大學出版社，2007 年，第 116 頁。

〔註60〕利瑪竇：《交友論》，見朱維錚主編：《利瑪竇中文著譯集》，上海：復旦大學出版社，2007 年，第 117 頁。

會友的習慣，並將之發展成爲文化適應策略的重要內容。「在中國許多處傳教士不能去的地方，書籍卻能進去，並且張來簡潔有力的筆墨，信德的眞理，可以明明白白地由字裏行間，滲入讀者的心內，較比用語言傳達更爲有效」。〔註61〕明代思想家李贄在《贈利西泰》詩中，以「刹利標名姓，仙山紀水程。回頭九萬里，舉目九重城」來記錄利瑪竇宣教的艱辛歷程。〔註62〕並在《與友人書》中高度評價了利瑪竇：「承公問及利西泰，西泰在西域人也。……凡我國書籍無不讀，請先輩與訂音釋，請明於《四書》性理者解其大義，又請明於《六經》疏義者通其解說，今盡能言我此間之言，作此間之文字，行此間之儀禮，是一極標緻人也。中極玲瓏，外極樸實，數十人群聚喧雜、讎對各得，傍不得以其間鬥之使亂。我所見人未有其比，非過亢則過謟，非露聰明則太悶悶瞶瞶者，皆讓之矣。」〔註63〕

正是因爲利瑪竇對友道的深刻認識，準確把握中國社會關係本位的特點，採取謹愼的傳教方式，盡力避免與中國傳統文化發生激烈碰撞。而通過友道與書教，開創了中西文化相對和平交流的典範。

三、陪都論學

利瑪竇憑藉書教與友道，在南昌取得了巨大成效。1597年，被任命爲中國傳教團監督，全權處理在華傳教事務，並被要求「盡一切努力在北京開闢一個居留點」，以便接近皇帝，爲耶穌會能在中國長期居留提供更安全的保障。〔註64〕利瑪竇通過對中國政治的深入觀察，認識到經由建安王引薦的方式是走不通的。於是，在1598年6月25日，借新任南京禮部尙書王弘誨進京之機，跟隨北上，9月抵達北京。由於朝鮮戰事正在進行，沒有門路上書皇帝，只好退而求其次，返回南京。在蘇州瞿太素、李心齋的引薦下，利瑪竇開始廣泛結交南京士林人物，迅速融入陪都南京社會文化交往圈。

南京作爲明朝政治經濟文化的重心，聚集了大批士紳，思想活躍，爲利

〔註61〕 【法】裴化行：《天主教十六世紀在華傳教誌》，蕭濬華譯，上海：商務印書館，1936年，第261頁。
〔註62〕 李贄：《續焚書》卷六，北京：中華書局，1974年，第667頁。
〔註63〕 李贄：《續焚書》卷一，北京：中華書局，1974年，第91～92頁。
〔註64〕 利瑪竇、金尼閣：《利瑪竇中國札記》，何高濟、王遵仲、李申譯，北京：中華書局，1983年，第314頁。

瑪竇借助「友道」和「書教」與當地士大夫交友論學，提供了更為寬鬆的平臺。和利瑪竇往來的士人中，最有代表性的是焦竑和祝世祿。

焦竑，（1540～1620），利瑪竇在南京時，專程拜訪過焦竑，正值焦竑剛辭官退隱故里，與李贄往來唱和。「當時，在南京城裏住著一位顯貴的公民，他原來得過學位中的最高級別。中國人認為這本身就是很高的榮譽。後來，他被罷官免職，閒居在家，養尊處優，但人們還是非常尊敬他。這個人素有我們已經提過的中國三教的領袖的聲譽，他在教中威信很高。他家裏還住著一位有名的和尚，此人放棄官職，削髮為僧，由一名儒生變成一名崇拜偶像的僧侶，這在中國有教養的人中間是很不尋常的事情。」〔註 65〕儘管利瑪竇對焦竑的三教合一論持批判態度，但並不影響他們之間的交往，甚至焦竑對利瑪竇的友道讚賞有加。

焦竑是泰州學派的殿軍，但在交友觀上，與其師耿定向頗異。雙方在論學和對待佛教方面多有分歧，耿定向曾引孔子「多聞闕疑，慎言其餘；多聞闕殆，慎行其餘」告誡焦竑。焦竑不改初衷，這在他與李贄的交往中可見一斑。此外，對利瑪竇友論的讚歎也顯示出其融匯各家的傾向。

江南經濟發達，商業氣息濃厚，講學之風盛行，尤好良知學說。當時新安士人仰慕焦竑，便專程邀請焦竑講學。焦竑欣然前往，講學十餘日，聽眾千餘人，盛況空前。學生金伯祥就講學與友道的問題向其提問：「吾輩在會時，妄念不起。離卻此會，不免復生。如何？」。焦竑反問道：「誰教汝離卻。古人云：以友輔人，如輔車相依，離之即寸步難行。西域利君言：『友者，乃第二我也。』其言甚奇，亦甚當。」〔註 66〕在焦竑看來，朋友若有須臾離，則責過導善的作用必然懈怠，甚至會因此而「妄念復生」，其回答出自《論語·顏淵》中曾子論交的重要觀點：「以友輔仁」，並用《左傳》僖公五年中的經文加以注釋：「如輔車相依，離之即寸步難行。」朋友既然不能有寸步之離，則必形影不離，與利瑪竇在《交友論》中的「友者與友，處處時時，一而已」的提法向類似，而「輔車相依」的喻意正暗合利氏所說的「第二我」。李奭學認為，儒家所重視的「仁」可以視作《交友論》「友乃我之半」的中國對應的

〔註 65〕利瑪竇、金尼閣：《利瑪竇中國札記》，何高濟、王遵仲、李申譯，北京：中華書局，1983 年，第 358～359 頁。

〔註 66〕焦竑：《古城問答》，載焦竑《澹園集》卷四十八，北京：中華書局，1999 年，第 735 頁。

說法。從字形上看，「仁」字「從人，從二」，許慎《說文解字》又說「兼愛，故從二如鄰」。「仁」字與利瑪竇的「朋」字往往殊途同歸，皆有「二人合一」之意，既然「仁」字可看成「二人」共存一體，在友論論題上，也就隱含了朋友乃另一我之意。從此種角度看，利瑪竇將「我之半」和「第二我」的觀念與儒家友道的「仁」相適應，客觀上就形成了對「以友輔仁」的一種新的解釋，既然他我互爲朋友，可以共存一身，那麼朋友就不僅僅只是承擔著增進德業修養的作用，同時也使他我之別消弭於無形，從而在比喻意義上重新發現了自我。〔註67〕而同爲焦竑好友的李贄，也持同樣開放的心態，提倡「彼人雖賈胡，而寶則我故物」，將外來友論化爲中土之固有文化。在新安講會上，焦竑的初衷或要以西儒利瑪竇的引言來證明和申說傳統的友論觀點，但實際上，其對「以友輔仁」和「第二我」的引用，則恰好會通了儒家思想與西方的交友之道。

在南京文化圈中，儒釋道三教合一論有著廣泛的影響力，無論王學左派的焦竑，還是蓮池殊宏、達觀眞可等佛教大師，均提倡甚力。其中尤以焦竑爲最，當時他與王學會通派的主要人物均有接觸。隨著焦竑思想的日益成熟，被尊爲「士林祭酒」，享有很高威望，使三教會通思想日漸成爲當時的思想主流。他們思想彼此傾向基本一致，相互交流，淡化門戶之見，彼此互通聲氣，以南北兩京爲中心，形成一個廣泛的交友網。這些人之間的交往親密程度，主要取決於性格、氣質的契合，以及相處時間的長短。當利瑪竇抵達南京之時，正值會通思潮的高峰期。利瑪竇在江南寬鬆、多元的文化氛圍中，廣泛交遊，逐步站穩腳跟。其中祝世祿的作用尤爲重要，也在當時士林有廣泛代表性。

祝世祿，字無功，江西德興人，萬曆己丑年進士，曾任南京吏部給事中。在學問上深受焦竑的影響，主張思想會通，且佛教色彩更爲濃厚。利瑪竇回憶道：「或許在所有支持神父們的事業的人們中最有幫助的是皇帝的一個顧問，這個人名叫祝石林；恰好當時皇帝顧問的這個府衙中，其它法官都不在南京，原來應該有十個或八個的，所以祝石林就一身兼任所有這些職務。人人都非常尊敬他，認爲他是一個出名的道德哲學家。此外，他還是一個著名的中國書法家……他還是一個作家。他寫的勸人爲善的書受

〔註67〕李奭學：《中國晚明與歐洲文學》，北京：中華書局，2010 年，第 274 頁。

到高度讚揚，他還到文士文士的集會上講課。他從尚書和其它人那裏聽說了利瑪竇神父，而對神父頗感興趣。他的敬仰激發了一種想見神父的願望。而利瑪竇所寫的論友誼的那本書就成了把他們聚在一起的媒介。」〔註68〕由此可見，祝世祿被利瑪竇的友論所吸引，也成了雙方訂交的中介。尤為稱奇的是，祝世祿寫有勵志言論集——《祝子小言》，與利瑪竇的《交友論》頗有幾分契合之處，並促使祝世祿對利瑪竇這位西儒表示出應有的獵奇心態，希望結識利瑪竇。當祝世祿面對這位久聞其聲名的西儒，也為之傾倒，對利瑪竇的西儒形象當即表示認同。祝世祿說：「既然他在廣東和江西兩省住了很長時間，我們不應該反對他在南京居住，而且這裡也還有許多其它外國人。」〔註69〕當時進退維谷的利瑪竇，聽到祝世祿的評價後，便自信能夠在南京居留，以此為跳板謀求進京方略，這期間祝世祿對利瑪竇的幫助也是最大的。

　　一方面，祝世祿為利瑪竇保管「貢物」。利瑪竇在抵達南京後，沿襲傳統的做法，將準備獻給皇帝的禮物展出，老百姓也可以自由參觀。由於西洋器物的新奇，一時招來不少看客，為安全起見，利瑪竇不得不終止展出，設法經他人妥善保管。經商議，他們「覺得最可取的還是由郭居靜神父在澳門的路上把鐘帶到南昌去，並把十字架、聖像和玻璃三棱鏡交託給皇帝的一位諫官名叫祝世祿的妥為保管。」〔註70〕祝世祿雖躊躇再三，最後還是勉強接受了這一委託。當貢物進入祝世祿府上，利瑪竇認為，祝世祿將之作為神物，並在聖像前點燃檀香燈，長明不滅。祝世祿除了允許自己的朋友參觀外，一般百姓難以進入府邸觀看。

　　其次，利瑪竇準備第三次進京，祝世祿給予特殊的關照。當時利瑪竇吸取前兩次進京失敗的教訓，認為若要成功觀見皇帝，在京居留，必須得到有權勢的大臣支持，而祝世祿正是最合適的人選。利瑪竇找到祝世祿，向他諮詢進京的計劃。祝世祿認為傳教士進貢的消息早已傳開，建議利瑪竇無論如何都要想辦法將禮品送進宮中，並主動為利瑪竇等人辦理必需的「官照」，保

〔註68〕利瑪竇、金尼閣：《利瑪竇中國札記》，何高濟、王遵仲、李申譯，北京：中華書局，1983年，第345頁。

〔註69〕利瑪竇、金尼閣：《利瑪竇中國札記》，何高濟、王遵仲、李申譯，北京：中華書局，1983年，第345頁。

〔註70〕利瑪竇、金尼閣：《利瑪竇中國札記》，何高濟、王遵仲、李申譯，北京：中華書局，1983年，第376頁。

證旅途的安全。〔註71〕恰好有一支船隊入京進貢絲綢，祝世祿親自將利瑪竇介紹給主管船隊的劉太監，爲了保證利瑪竇得到更好的關照，祝世祿給了太監一大筆津貼，使得劉太監確實把利瑪竇視作貴賓。

在與利瑪竇的交遊中，雖然祝世祿表現出特有的熱情，但仍以傳統思維模式看待利瑪竇。祝世祿曾作詩一首——《贈利瑪竇》〔註72〕：

十年一葦地天長，百國來從西海洋；
應是吾君文告遠，梯航無處不來王。
於腮黃卷深瞳碧，鐘巧自鳴分百刻；
宣尼牟尼了不聞，晝夜一心天咫尺。
一齋一榻入無窮，別學便於象緯工；
道在何之非我土，老聃西去達摩東。
華言華服欲華顚，漢制都從九譯傳；
一自變夷歸聖軌，至今分給大官錢。

從中可見，對祝世祿而言，與利瑪竇交往更出自對西儒的外貌、技術等的驚奇，這深深吸引著祝世祿等傳統士人，正如利瑪竇敏銳地直覺到，中國人重視西學的原因在於：〔註73〕

來拜訪我的人每天絡繹不絕，其中原因有五。

第一因爲我是一位外國人，是他們過去未曾看見過的，且知中國的語言、學問與風俗習慣等。

第二有謠言我通點金術，因此許多人要跟我學此術。我告訴他們，我對此術是門外漢，而且我根本也不信這一套。

第三言我有傑出的記憶術，可以一目十行，過目不忘，並可前後背誦，不費吹灰之力。

第四言我通數學，把我當托勒密第二，因爲中國人的日晷斜度只有三十六度，他們以爲這個地是平坦而呈四方形，天空全是液體，即空氣，及其它許多無稽之談。對日蝕的成因解釋的還不錯，但對月蝕的成因便太離譜了；他們以爲當月亮在太陽前時，極爲光亮等

〔註71〕【法】裴化行：《利瑪竇神父傳》，管震湖譯，北京：商務印書館，1993年，第308頁。
〔註72〕祝世祿：《環碧齋詩》卷七，載四庫全書存目叢書集部第94冊。
〔註73〕利瑪竇：《利瑪竇書信集》，羅漁譯，臺北：光啓出版社，1986年，第188頁。

目：但其直徑正對著太陽時，好像驚慌失措，失色變為陰晦不亮。
白鹿書院的師生與其它秀才們喜愛聽我介紹數學，假使能在這裡住
下，想在這方面對他們介紹一些。

第五是不少人都願聽道理，救自己的靈魂。他們跪在地上，懇
求我講給他們聽。書院的秀才學人雖然一般不相信靈魂不死不滅，
但聽了我給他們講的道理之後，無不異口同聲地稱我們的教義為真
而卓越，感謝我給他們所介紹的，並慶幸得飽耳福，跪地向我表示
致謝。當他們來看望我時，都帶一冊訪問薄，上書：「您的弟子某某」。

而對於教理，從詩中可見雙方是有過爭論的，所以祝世祿憑藉自身對儒學和
佛學精深的研究，才稱利瑪竇對中國文化的曲解是「了不聞」的表現，可見
大多數文人對待西學的寬容也是有限度的。

但是對王門學者而言，不論是否贊同利瑪竇的神學觀念，他們都對外來
學說體現出開闊的胸襟和平等對談的態度。這使利瑪竇在南京的論學與交遊
更加順利，也擴大了西儒形象的影響，不僅為進入北京居留做了充分輿論準
備，也為之後耶穌會在上海、杭州開教奠定了良好的基礎。

第三節　居留北京

利瑪竇沿運河北上，幾經周折，終於在 1601 年 1 月 24 日進入北京，直至
1610 年 5 月 11 日病逝，在京近十年中，是利瑪竇在華傳教最為成功的時期，也
是利瑪竇對其傳教事業進行總結時期，為中西文化交流積纍了諸多成功的經驗。

一、上層路線

利瑪竇抵達北京後，謀求覲見皇帝，取得皇帝的傳教許可。但面對萬曆
皇帝二十年不上朝的現實，利瑪竇只好退而求其次，即保證在北京的居留權。
不僅如此，利瑪竇等人尚得到朝廷定期發放的津貼。在馮琦任禮部尚書時，「批
准了他們在北京城的身份，從而免除了任何干擾之憂。他還下令把欽定給他
們的米糧和補助金按規定發放給他們」，使得利瑪竇在京居留權得到事實上的
保障。〔註74〕

〔註74〕利瑪竇、金尼閣：《利瑪竇中國札記》，何高濟、王遵仲、李申譯，北京：中
華書局，1983 年，第 425 頁。

　　隨著利瑪竇在京地位的日益穩固，利瑪竇開始將交友之道廣泛應用於北京教區的開拓上，所結交人士也呈現出新的特點。

表 ·：利瑪竇交遊士人統計〔註75〕

地點 ＼ 身份	時　　間	官紳	布衣	高僧	道人	太監	合計
廣東	1583.8～1595	30	6	0	0	0	36
江西	1596.6～1598.6	10	2	0	0	0	12
南京	1595.5～6 月 1599.7～1600.5	22	6	1	1	1	31
山東	1600	1	0	0	0	1	2
北京	1601.1～1610.5	34	12	1	0	0	47
不確		3	3	0	0	0	6
合計		100	29	2	1	2	134

　　由上表可見，利瑪竇在北京交遊的官紳明顯增多，這與京師的政治中心地位是符合的。除此之外，布衣學者的比重也明顯加大，幾乎是前兩個階段的總和。這說明利瑪竇此時交遊的範圍開始擴大至士人整體。

　　在北京，利瑪竇結交了不少有地位的人。在這些顯貴中，內閣大學士沈一貫自然成爲利瑪竇首先要拜訪的人物。利瑪竇贈送給沈閣老一些西洋禮物，其中一件是烏木精製的凹形日晷，得到沈一貫的讚賞，並被邀請參加宴會。「席間，主人愉快地聽取神父們談論他們正在進行的工作，特別是關於基督教風俗的講解。」當利瑪竇將西方一夫一妻制介紹給閣老，沈一貫當眾讚揚道：「在一個婚姻是如此聖潔的國度裏，別的事看來就不用再問了。僅此就足以說明其它一切都是規範得多麼得當。」並饋贈神父們許多禮物。與當朝閣老的交往，被利瑪竇認爲是：「這當然發展成爲一種不可思議的威望，幾乎在任何事故中都永遠保證了他們的地位。」〔註76〕此外，吏部尚書李戴、禮部尚書馮琦、兵部尚書蕭大亨禮部侍郎楊道賓、郭正域等等也與利瑪竇保持良好的關係。聲勢顯赫的皇親國戚和朝中文武大臣，也對利瑪竇十分友好。

〔註75〕張國剛：《從中西初識到禮儀之爭》，北京：人民出版社，2003 年，第 368 頁。
〔註76〕利瑪竇、金尼閣：《利瑪竇中國札記》，何高濟、王遵仲、李申譯，北京：中華書局，1983 年，第 424 頁。

正如利瑪竇感觸到：「有人說『當你發跡時，就會有許多朋友』，這話確實是真理。所有過去那些拋棄他們友誼的人，現在又都來極力拉攏友誼，全城之中的人數是如此之多，以致很難懷疑，上帝已爲傳播福音的廣闊天地開闢了一個小小的入口。」〔註77〕

　　由於利瑪竇在京城的廣泛交遊，「從此，利瑪竇的傳教事業以北京爲中心向四外輻射。這一過程是雙向的。一方面，天主教的影響逐漸在知識階層中擴展開來，對一個變化緩慢的社會，這種方式營造了一種融洽的氣氛，也爲擴展皈依天主教的運動做了準備。與此同時，利瑪竇在各省都有不少的朋友，他們都是掌權的官吏，對於根基不深的中國教會，這些人可以保護教會不受傷害和摧毀」。〔註78〕對此，無論是廣東事件，還是發生在其餘幾個教區的反教事件，都得到了利瑪竇在京師的積極斡旋，使事件很快得以平息。

　　此外，利瑪竇在京師的交遊活動，也是對下層傳教的有力呼應。遠在韶州傳教的龍華民，憑藉傳教之初的激情，在馬家壩鄉村公開進行「廣場傳教」，即先派人到當地鄉村宣佈他的到來，告訴百姓準備聽道。龍華民抵達後，坐在一張桌子旁邊，向百姓直接宣講福音，之後發放《十誡》。這種傳教方法是十分危險的，尤其當李瑪諾從澳門抵達韶州時，當地信徒舉行了盛大的歡迎儀式，這在傳統的中國社會是被禁止的。從此，種種反教團事件層出不窮，但在與利瑪竇友好的官員庇護下，教團轉危爲安。而龍華民在付出沉重代價後，放棄了最初富有煽動性的傳教方式，開始切實遵循利瑪竇的策略。正因此，龍華民十分清楚，其直接傳教在很大程度上依賴於利瑪竇的上層路線，在利瑪竇逝世後寫道：「利瑪竇神父的去世，使我們成了孤兒，正像閣下您能想像的，他的權威和聲望對我們所有的人來說，就是遮風擋雨之所。我們希望他在天堂裏還能給我們更多的幫助」。〔註79〕

　　由於上層路線日漸成效，中國傳教團的地位也日益有了保障，利瑪竇開始派人探尋下層傳教的途徑。「他們在新居安置好之後不久，就去離京城約三天路程的北直隸保定府地區的鄉村轉了一圈。他們進行這次旅行的目的是要

〔註77〕利瑪竇、金尼閣：《利瑪竇中國札記》，何高濟、王遵仲、李申譯，北京：中華書局，1983年，第423頁。

〔註78〕【美】鄧恩：《從利瑪竇到湯若望》，余三樂譯，上海：上海古籍出版社，2003年，第77頁。

〔註79〕【美】鄧恩：《從利瑪竇到湯若望》，余三樂譯，上海：上海古籍出版社，2003年，第98頁。

看看基督教信仰是否已傳播到農村；而他們對他們所發現的情況一點也不感到失望。在他們來到北京後的一年中，這個地區已有一百五十多名信徒入教，而且人數還逐年繼續增加。」〔註80〕1605 年，龐迪我到北京近郊的聖克萊蒙村，歸信了一千人，次年又到諸聖村傳教。1607 年，費奇觀接替龐迪我繼續這項工作。與龍華民的「廣場」傳教不同的是，利瑪竇指導下的北京郊區傳教，仍帶有上層傳教的影子，保證了下層傳教循序漸進地開展。通觀此次短暫的下層傳教，有兩個特點。

其一，注重對教理的宣傳和講解。「我們把教理分開講授；望教者學習要理後，就講給別人聽，這樣簡單、省時，也不增加聽眾的負擔，而很快的學得教會的要理。」「年長婦女與已婚婦女由我（費奇觀）講授要理與經文，徐修士（徐必澄）給男士講解，經過訓練的青年給年老未婚女士宣講。大家每天在一起，講論天主、信德的奧跡，誦念天主經、聖母經、信經等經文。」

其二，注重對教友的管理。教友中公推有「會長」，「負責召集聽道理的按時來聽講，並收集邪神像在救主像前焚毀」。此外，村中尚建有善會，專門招待外地來的教友。「同樣也把婦女組織起來，以修習德性，年中要在指定日期，齊集聖堂祈禱，由兩位八十歲的老太太領導；每主日也集合祈禱，然後由兩位主持討論修德遷善的事。」〔註81〕

可見，北京郊區的下層傳教取得了一定成效，但利瑪竇仍堅持謹慎的傳教政策，認為「教友應重質而不必重量，這樣為教會更為有益，多而不虔誠，有辱教友之美名，反不如沒有」。〔註82〕所以，利瑪竇堅持其重點在於上層路線，以便為之後在更大範圍內傳教做好奠基工作。

二、教理書籍的出版

在北京最後十年時間內，利瑪竇將書籍傳教經驗發揮得淋漓盡致，這時期也是利瑪竇最多產的時期。不僅有中文教理書籍的出版，更有科學著作的翻譯。本節主要介紹利瑪竇的教理書籍，科技著作留待之後詳細敘述。

〔註80〕利瑪竇、金尼閣：《利瑪竇中國札記》，何高濟、王遵仲、李申譯，北京：中華書局，1983 年，第 516 頁。

〔註81〕利瑪竇：《利瑪竇書信集》，羅漁譯，臺北：光啟出版社，1986 年，第 344～346 頁。

〔註82〕利瑪竇：《利瑪竇書信集》，羅漁譯，臺北：光啟出版社，1986 年，第 354 頁。

（一）《天主實義》

該書是利瑪竇撰寫時間最長的宣教著作。早在韶州期間，受范禮安的指示，要求「再編一本新的要理問答。這應當用中文撰寫；我們原有一本，但成績不如理想」。〔註83〕此處所言原有的要理問答，即羅明堅的《天主聖教實錄》。由於羅明堅本佛教傾向，儘管其中對天主教基本要理敘述甚詳，但利瑪竇出於附會儒家思想的目的，並借用理性原則寫給尚未入教的人士，故重新編訂正也在情理之中。為此，利瑪竇一面延請中文教師學習儒家經典，一面著手撰寫《天主實義》。在1596年10月基本完成初稿，並交給當地文士徵求意見，「撰寫已久的《天主實義》目前正在校正之中，希望這本較以前的更好，一些我們的朋友看過其中幾章，認為不錯，曾力勸我們快去印刷。」〔註84〕但礙於必須取得印度教區長上的出版許可證，故當時只是通過手抄本流傳，並未正式發行。期間，利瑪竇多次和士人階層討論該書，艾儒略評論說：「相國文忠葉公，太宰李公，司馬趙公，少司寇王公，少宗伯祝公，都馮公慕岡應京，都給諫曹公於汴，大參吳公、龔公，都水李公之藻我存，相與質疑送難而成書，名曰：《天學實義》。」〔註85〕尤其是徐光啓，更是「校正非常仔細，任何一筆一畫要修改，必先和我商議討論。因此我非常滿意」。〔註86〕可見，利瑪竇的交際圈對《天主實義》的出版起到了很大作用。該書直到1604年獲得耶穌會的審閱後才得以出版。而這時的版本已經經過了再次修改，並加進了一些在南昌、南京論辯的文字。

《天主實義》分為上下卷，共八篇。其內容按金尼閣的歸納是：「首先它證明只有一個上帝，他創造了和治理著萬物，然後證明人的靈魂不朽以及解釋了獎善懲惡，特別是在來世，對於中國人中間流行的靈魂輪迴餓畢達哥拉斯學說則徹底予以駁斥。在文章結尾還插入一節有關上帝與人的實際論述，最後邀請所有的中國人來找神父們進一步闡明這些道理，因為在文章裏談得很簡略，解說得不是很充分。」而實際上，利瑪竇對此有更詳細的闡發：「這個新版本更加充分地闡述了基督教的教義，但在出版前把它安排得主要是供異教徒使用的。據認為，新教徒可以從他們作為教徒所參加的教義問答課程

〔註83〕利瑪竇：《利瑪竇書信集》，羅漁譯，臺北：光啓出版社，1986年，第135頁。
〔註84〕利瑪竇：《利瑪竇書信集》，羅漁譯，臺北：光啓出版社，1986年，第231頁。
〔註85〕艾儒略：《大西利先生行跡》，陳垣校勘，民國八年（1919）鉛印本。
〔註86〕利瑪竇：《利瑪竇書信集》，羅漁譯，臺北：光啓出版社，1986年，第261頁。

中以及歸信後所經常聽到的勸誡中接受足夠的宗教教誨。因此這本新著作所包含的全是從理性的自然光明而引出的論點，倒不是根據聖書的權威。這樣就鋪平並掃清了道路，使人們可以接受那些有賴於信仰和天啓的知識的神秘了。這本書裏還包含摘自古代中國作家的一些合用的引語，這些段略並非僅僅作為裝飾，而是用以促使讀別的中文書籍的好奇的讀者接受這部作品。這本書還批駁了所有中國的宗教教派，只有像聖哲之師孔子所發揮的那種根據自然法則而奠定並為士大夫一派所接受的教派除外。這種教派的哲學由古人發展而來，很少包含有應當正當地加以指責的東西。因而一個慎思明辨的人，當他對所寫的主題感到掌握得不夠充分時，也不會犯很多錯誤。神父們習慣於利用這一教派的權威，他們只評論孔子時代以後所發生的事情，而孔子則生活在基督降臨以前大約五百年。當在大庭廣眾中問起保祿博士，他認為基督教律法的基礎是什麼時，他所作的回答可以在這裡很及時地引述如下。他只用了四個音節或者四個字就概括了這個問題，他說：驅佛補儒，意思就是它破處偶像並完善了士大夫的律法。」〔註 87〕

正由於此，該書出版後即在中國引起強烈反響。「去年（1604）在這裡出版的《天主實義》，已告訴中國人我們離鄉背井來到中國的目的，因此產生的效果不一；有些人對此執懷疑態度，認為我們尚有其它不光明的企圖；有些人生性猜忌，因此使他們更痛恨我們，開始羞辱我們。不過這樣不利的效果是我們早已料到的，我們依靠的是天主，他自然幫我們的忙。進士、翰林們一般的反應，是對其內容嶄新、說理明確，無不感到驚奇；不少人告訴我，此書已把拜偶像的宗教擊敗，對我們所學的理由沒有反擊的餘地。不幸的是那些頑固分子根本不用理智，只知罵人。」〔註 88〕其中黃輝便是一位最初的反對者，利瑪竇記載道：「一位學者（翰林院編修黃輝）去年寫了一本書，準備由翰林院公佈出版，其中也涉及到我們天主教，對我拙撰的《天主實義》批評了一番。幸考試主官為一知名官吏，我們認識好久了。他把這位學人所寫的加以變更，把有關我們的教會部份全部刪去。」〔註 89〕可見，由於利瑪竇成熟的友道使得上層社會形成了對自己有利的氛圍，也便利了其書教的成功，為教理書籍的出版提供了安全的保障。

〔註 87〕利瑪竇、金尼閣：《利瑪竇中國札記》，何高濟、王遵仲、李申譯，北京：中華書局，1983 年，第 485～486 頁。

〔註 88〕利瑪竇：《利瑪竇書信集》，羅漁譯，臺北：光啓出版社，1986 年，第 268 頁。

〔註 89〕利瑪竇：《利瑪竇書信集》，羅漁譯，臺北：光啓出版社，1986 年，第 369 頁。

但基本上，該書還是得到了開明士人的熱情呼應，如徐光啓從中得到啓示皈依，馮應京也是給予褒揚。除了在中國，該書也流傳到東亞其餘國家，引起很大反響。「這本要理書不只爲教友而撰，同樣教外人也可以看，這樣使更多人得聞我們的教義，這本書不但在中國甚受歡迎，日本也不例外，中國及日本區副省會長巴範濟神父也給我們寫信，告訴我們他也引用中國方面這本權威著作；范禮安神父還要這書在廣東出版。」〔註90〕可見此書所引起的強烈反響。

（二）《二十五言》

該書的寫作年代，根據徐光啓的記載：「此《二十五言》成於留都，今年夏，楚憲馮先生請以付黎棗，傳之其人。」〔註91〕可見，該書寫於利瑪竇在南京時期，即1599年，但在萬曆甲辰年（1604）出版。除了耶穌會的出版審查外，更重要的是此時由於《天主實義》的出版，引起部份士人的反對呼聲，鑒於穩定社會輿論，徐光啓建議利瑪竇採取措施，「平服在北京日漸引起的對教會的反感。」〔註92〕《二十五言》主要涉及「各種道德問題和控制靈魂的罪惡傾向的問題」，神學色彩淡薄，也沒有闢佛言論，故出版後容易平息社會輿論。利瑪竇在寄往歐洲信中寫道：「我們的仇人也因我們的一本小冊子的關係而減輕對我們的憤恨，即重印我們的《二十五言》，他們以爲此書並不攻擊其它宗教，只談人內心修養，頗呈現希臘斯多噶派學人的意味，但我以適合於我們的倫理爲限；此小冊子人人喜愛、人人稱揚，他們批評說我們的要理問答也該寫具有同樣的風格，不要攻擊偶像崇拜，也不要爲此興起辯論。」〔註93〕可見，利瑪竇出版此書也起到了很大的效果。

據考證，《二十五言》一書是根據愛比克泰德的《手冊》加以編譯的，「儘管它源出外國，但這部著作滿足了中國讀者的眞正需要。實際上它觸及了一項使當時許多儒生都感到困惱的問題，並且還對他提出了一種符合儒家精神的解決辦法」。〔註94〕可見，利瑪竇將西方古典文學介紹到中國，是出於其合

〔註90〕利瑪竇：《利瑪竇書信集》，羅漁譯，臺北：光啓出版社，1986年，第357頁。
〔註91〕徐光啓：《跋二十五言》，載朱維錚主編：《利瑪竇中文著譯集》，上海：復旦大學出版社，2007年，第135頁。
〔註92〕利瑪竇：《利瑪竇書信集》，羅漁譯，臺北：光啓出版社，1986年，第359頁。
〔註93〕利瑪竇：《利瑪竇書信集》，羅漁譯，臺北：光啓出版社，1986年，第276頁。
〔註94〕利瑪竇、金尼閣：《利瑪竇中國札記》，何高濟、王遵仲、李申譯，北京：中華書局，1983年，第700頁。

儒目的的，並且在利瑪竇眼中，儒家思想在很大程度上與斯多噶派的倫理思想也有著相近之處。

而在文中，也暗藏其補儒、超儒的想法。針對晚明思想界很多士人思考生死問題，但又不想像佛教那樣眞正出世，而是在積極關心現世的同時，保持一份出世的境界。利瑪竇大膽地否定現世：「人生世間，如俳優在戲場上：所爲俗業，如搬演雜劇。諸帝王、公卿、大夫、士庶、奴隸、后妃、婦婢，皆一時妝飾者耳。則其所衣，衣非其衣；所逢利害，不及其躬。搬演既畢，解去妝飾，即漫然不相關矣。故俳優不以分位高卑長短爲憂喜也，惟扮其所承腳色，則雖丐子，亦當眞切爲之，以稱主人之意焉。分位全在他，充位亦在我。」〔註95〕在否定現世生活的基礎上，利瑪竇將天主教的倫理觀融入進來，只是未明言天堂之說。利瑪竇認爲要透過現世的俗務，進入到一種安靜、謙和的心境。如：「欲安靜其心，當先捨俗慮」、「吾意寧甘心死於飢餓也，無寧饜心生於豐饌也；寧孥僕爲不良也，無寧我爲不肖子也」等等。而修養的工夫也頗合當時士風，針對晚明王學末流尙空談而不重實行的弊端，利瑪竇提倡身體力行、克己、默言等等。如：「若或取樂之淫想形於心，汝先勤戒，勿被其取焉」、「進德之兆，多默少言。言而不言，酒之旨、殽之美」、「學之要處，第一在乎作用，若行事之不爲非也」等。

即便這樣，仍然無法掩蓋利瑪竇的超儒目的，利瑪竇在文中借儒家「仁」、「義」、「禮」、「智」、「信」概念闡發天主教教義，認爲恭愛上帝即爲仁：「夫仁之大端，在於恭愛上帝。上帝者，生物原始，宰物本主也。仁者，信其實有，又信其至善，而無少差謬，是以一聽所命，而無俟強勉焉。知順命而行，斯之謂智。」〔註96〕可見，中國的倫理概念在利瑪竇的轉譯下已經變爲天主教教義下的論證手段，利瑪竇在寄給馬賽利神父的信中毫不避諱地談到：「在此小冊子中我只談修德養性，如何利用光陰，完全以自然科學家的口吻論事，不攻擊任何宗教，當然呈現天主教倫理的色彩。」但利氏的該做法卻爲當時思想界的倫理修養注入了非功利的因素，故而「所有的宗教人士皆喜歡讀它……這本小冊子已傳遍四方」。〔註97〕

〔註95〕利瑪竇：《二十五言》，載朱維錚主編：《利瑪竇中文著譯集》，上海：復旦大學出版社，2007 年，第 132 頁。

〔註96〕利瑪竇：《二十五言》，載朱維錚主編：《利瑪竇中文著譯集》，上海：復旦大學出版社，2007 年，第 131 頁。

〔註97〕利瑪竇：《利瑪竇書信集》，羅漁譯，臺北：光啓出版社，1986 年，第 268 頁。

（三）《畸人十篇》

　　該書是利瑪竇爲緩和社會輿論，採取的另一項措施，並取得了巨大成功，即使利瑪竇也認爲「在我用中文所撰寫的書籍中，最受中國人歡迎、影響最大的當推出版不久的《畸人十篇》」〔註98〕。該書出版於 1608 年，由於翻刻不斷，版本眾多。「爲了使它爲更多的人所瞭解，神父們到處散發這本書並且在規定的時間用它作爲禮品以履行他們的義務。他們有些友人把刻印匠派到教會駐地來複製此書，以便他們分贈友人。第一次印行一年之內就發行一空，第二年又印了兩版；一次是在南京皇都，另一次是在江西省會南昌。」〔註99〕現存版本爲 1608 年初刻本，重刻本和《天學初函》本，朱維錚以重刻本爲底本進行校點，收錄《利瑪竇中文著譯集》。但根據《東傳福音》所收上海土山灣刻本，仔細對照，尚有一定的出入，即劉胤昌的《畸人十篇序》並未收錄。此外，虞德園曾寫有《畸人十篇序》，存入《虞德園先生集‧文集卷六》，因虞德園爲佛教居士，並未收錄。

　　與前兩本書相似，該書也有許多士人參與其中，無論是寫作還是編輯乃至修改，概莫能外。只從內容上看，該書記載了利瑪竇與中國士人的對話，除了最後一篇沒有具體的人名外，其餘的名姓都清楚寫明。其中有李戴、馮琦、徐光啓、曹于汴、李之藻、吳中明、龔大參、郭敦華等，這些士大夫的個人背景與談話的情景都可在利瑪竇的書信中得知大概。與《天主實義》相比，兩者在內容上也有相似之處，如主題上仍然反佛教，並在很多篇章上有重複的地方。例如第六篇所論齋素三旨，實則在《天主實義》第五篇基礎上，略加修改而成，即「時余篋中，適有舊稿一帙，中說天主教齋素三旨」。但兩書齋旨似均出自單行本《齋旨》，本爲內部傳道書。但作爲後出作品，又極力地試圖避免不必要的衝突，該書較之以往著作仍呈現出新的特點。

　　其一，在談話對象上更爲明確。上述與利瑪竇談話者多爲朝中大吏，使該書增添了很大的權威性。除此之外，由於談話對象身份特殊，在一次次的辯論中，都有皈依天主教的傾向，爲普通百姓豎立了良好的榜樣，無形中減輕了傳教的阻力。

　　其二，寫作更注重場景的描述，尤其加入諸多西方寓言故事，大多取自

〔註98〕利瑪竇：《利瑪竇書信集》，羅漁譯，臺北：光啓出版社，1986 年，第 357 頁。

〔註99〕利瑪竇、金尼閣：《利瑪竇中國札記》，何高濟、王遵仲、李申譯，北京：中華書局，1983 年，第 488 頁。

《伊索寓言》，如伊索市舌、彌大變耳等，增強可讀性和感染力。可見，寓言故事本屬西方世俗文本，而被用來論證天主教倫理。

其三，在內容上更注重對來世的宣揚。《天主實義》注重以自然理性展開辯論來說服人，而在《畸人十篇》中通過寓言故事展示啓示性眞理，使熟悉直覺類比思維的中國士人讀起來更顯親切。此外，《畸人十篇》有針對性地對生死問題展開論述，由此可見，利瑪竇已經意識到，儒家思想與天主教不同的是，在於非理性的信仰方面。而中國人深受儒家「未知生焉知死」的影響，注重現世的關懷，故對死亡現象非常忌諱。晚明思想界卻表現出對生死問題異乎尋常的興趣，這給了天主教一個介入儒家思想空缺的機會，使士人意識到，信仰天主教並不影響現世的事功。故表面上看，利瑪竇對保守士人做了讓步，但實際上卻是對儒家顯示出超越的一面。故有研究者稱：「從《天主實義》到《畸人十篇》標誌著禮貌度傳教重心的改變，從重在『以理服人』的『似非而是』到『不講理』的『似是而非』，其實也是向中國人傳播基督教的必由之路。」〔註100〕

針對書籍出版所帶來的社會效應，以及對傳教活動的巨大促進作用，利瑪竇也開始尋求更爲便利的方式，更有效地借助書籍傳教。一方面，利瑪竇向上級申請將書籍出版審查權下放到遠東各個省區。在 1606 年 8 月 15 日，在寄給耶穌會總會長阿奎維瓦的書信中，利瑪竇建議：「我以爲您應把印刷許可權賜給本區會長，以便能快速出版有關書籍，在審查後便可印刷，正如在日本一樣，不必件件須從印度審查長處獲此特准。這爲中國特別重要，因爲所有教派多以書籍，而不以口頭做宣傳；獲取高官厚祿也是利用撰寫佳作，而不是利用口才獲得。無論如何，凡書籍既已獲得省會長的准許，只要讓通中文的人再校正一下，就可出版，其次我們所編著的書之內容並非是什麼新東西，大多爲歐洲著作的翻譯品，曾經細心加以翻譯而已。」〔註101〕另一方面，調整中國教區的管理人員，以便騰出更多時間從事寫作。1605 年，將南方三座會院的傳教工作交給李瑪諾神父負責，但仍是在利瑪竇的領導下工作。即使如此，利瑪竇仍有時間不足之憾。1608 年，在寄給高斯塔的信中，充滿希望地說道：「您知道在中國是多麼需要印刷的書籍啊！我需要的書太多

〔註100〕包麗麗：《「似非而是」還是「似是而非」——〈天主實義〉與〈畸人十篇〉的一個比較》，《甘肅社會科學》，2006 年第 6 期，第 95 頁。

〔註101〕利瑪竇：《利瑪竇書信集》，羅漁譯，臺北：光啓出版社，1986 年，第 324 頁。

了，尤其我正在印刷的這幾種，都是我憑記憶而撰寫的。我能寫作的時間太少，能力有限，知識也淺薄，又加傳教忙碌，還應照顧這個會院等等真找不出時間來寫作。知道今天，凡我們所做作為，無一不讓中國學者感到驚奇，認為我是東方最有學識的人，對我佩服萬分。將來我們青年會友大批前來，繼續我們的工作，會有什麼樣的結果呢？毫無疑問地成果一定十分豐碩吧。」〔註 102〕

三、文化交往經驗的總結

利瑪竇在京期間，不僅對傳教政策作出進一步的調整，還總結經驗教訓，為耶穌會傳教活動在更大範圍的開展提供了借鑒。

（一）利瑪竇的反思

在利瑪竇晚年，由於同時期遠東傳教的眾多夥伴相繼離世，加上廣東事件以及其餘地方會院排教事件層出不窮，利瑪竇日益感覺到有必要對其一生傳教活動做出回顧，總結經驗，為後來傳教者留下可資借鑒的經驗，使艱辛開創的傳教成果得以保持。

其一，通過撰寫《天主教傳入中國史》，給後來者保存傳教資料和經驗。在現存的最後一封寄給歐洲的信中，利瑪竇認為：「去年年底（1608）不知怎樣忽然有一個思想湧到我的腦海裏，就是我是首批進入中國傳教的惟一倖存者；除我之外，可以說沒有第二人知道教會如何進入中國的。所以必須根據年代和事件發生的先後加以記載，許多事我曾經親手撰寫過，不過有些與事實不符。我已開始撰寫《天主教傳入中國史》，相信西歐也會感到愉快的。假使我能完結該書的重要部份，而適時又有船赴印度的話，我會把完成的部份先送去羅馬，供您批閱欣賞；只是我事務繁多，恐怕不易完成這項工作」。〔註 103〕在利瑪竇去世時，該書絕大部份已經完稿。之後，耶穌會士金尼閣將之帶往歐洲，並翻譯為拉丁文，對文字稍加潤色，對原稿空缺部份加以補充，在歐洲出版發行，影響廣泛，鼓舞更多的耶穌會士來華傳教。

其二，對傳教經驗專門做總結，將之作為傳教政策的指南。在利瑪竇去世的前一年（1609 年），利瑪竇在致遠東副省會長巴範濟的信中，對其三十年

〔註 102〕利瑪竇：《利瑪竇書信集》，羅漁譯，臺北：光啓出版社，1986 年，第 359 頁。
〔註 103〕利瑪竇：《利瑪竇書信集》，羅漁譯，臺北：光啓出版社，1986 年，第 420 頁。

的傳教經驗做了詳細總結和彙報，並讓巴範濟轉交給耶穌會總會長阿奎維瓦神父，可見它的重要性。該書信起因在於，副省會長巴範濟在寄給利瑪竇的信中，仍念念不忘起初進入中國就制定的政策，即「設法獲得中國皇帝的批准，以便傳教士能夠安心地在大明帝國傳教」。利瑪竇在回信中，首先對先前這種政策進行理論上的批判，進而提出在中國傳教的八項建議。

首先，利瑪竇批判之前的傳教政策，認爲請求皇帝恩准傳教之事，「不但不能獲得，而且連去求的可能也沒有」。並通過申請北京居留的事例，說明在現行政治結構下，面見皇帝是不可能的，不僅洋人上奏疏是無法實現的，而且根據大明律法，連居留的可能性就沒有。即使在皇帝、太監和士大夫各方勢力的博弈下，利瑪竇也僅獲得了允許居留的口諭，始終沒有書面保障。進而利瑪竇結合回教徒在華定居但不傳教的成功經驗，認爲：「以人的力量求准在中國自由傳教一事時不可能的！根據往例，任何官吏都不願代我們呈上這樣的奏疏。有許多神父給我寫信，要我去向皇帝要求批准。我告訴他們，我們可以在這裡平安生活，慢慢開教，不必急於獲得皇帝的允准；經驗告訴我們，官吏多次上書反對我們，想把我們驅逐出境，但我們仍然安全地在中國居住，在肇慶、兩年前在韶州、去年在南京皆有教難發生，當地秀才與有地位的人聯合起來反對我們，但我們不是仍然很好嗎？這是我們親身體驗的。我們將成爲第一批死在中國的人，皇帝也要去世，將來的一切只有託付給天主了。」可見，在利瑪竇看來，重要的不再是要求西方社會那樣穩固的權利保障，而是「謹小愼微，慢慢地進行傳教」，在中國社會文化規則下的即成事實。〔註104〕

爲了不違反中國外交禁令，利瑪竇向上級建議：「毫無疑問地最佳解決是購買土地，以維持傳教士的生活與教會的其它開支；尤其中國人並非不講理之輩，不是侵略別人土地的民族，我的朋友們也都勸我這樣做，這樣對每天的生活必需品也不必發愁了。」〔註105〕而這顯然延續了范禮安的政策，但這項政策也只是等到利瑪竇去世，萬曆皇帝賜地安葬，傳教士才得以擁有自己的一份皇帝正式批准的地產。

其次，利瑪竇建議耶穌會長上，在傳教政策採取八項行之有效的政策。

〔註104〕利瑪竇：《利瑪竇書信集》，羅漁譯，臺北：光啓出版社，1986 年，第 407～408 頁。

〔註105〕利瑪竇：《利瑪竇書信集》，羅漁譯，臺北：光啓出版社，1986 年，第 410 頁。

因為傳教士不能像回教徒那樣，只定居而不傳教，他們來華的最終目的是宣傳天主教，在海外擴大其影響。通觀利瑪竇的八項建議，其中談及最多的仍不外乎「友道」與「書教」，而後者尤為突出。

關於友道經驗的總結，利瑪竇認為必須有穩固的傳教環境，這不僅來自於教友數量和品質的提升，更要與地方官員保持經常的往來，「他們視我們不但是聖德之士，而且也是有學識的人，這兩項都是中國人所重視的」。在與士大夫交往上，利瑪竇認為：「我們迄今和中國士大夫們交往謹小慎微，他們異口同聲地稱譽我們為學者、聖賢，我真希望我們能始終有這個名譽。」這樣為傳教活動創造良好的和平環境，而反過來天主教也會為中國的長期和平貢獻自己的力量。依據多年在中國觀察經驗，利瑪竇認為：「現在這裡沒有天主教已能長期享有太平，那麼如果天主教能在這裡廣揚，未來的日子不是要太平萬世了嗎？天主教也曾多次化戰爭不睦為祥和啊！我認為這端道理感動了不少中國人，使他們對教會十分景仰；我曾當眾表示，假如中國人皈依了基督，這裡絕不會有叛亂發生，絕不會改朝換代，他們所怕的正是這個。希望中國皇帝、皇族能設法使中國人都信奉天主教，我們誠祈求天主逐漸玉成此事，我們應重視天主所賜這個好多開始，同時這也是方逝世的視察員范禮安神父的理想。雖然目前皈依的人不多，但天主教在中國各地甚受推崇。」之後，這種交好士大夫的政策得以延續，從而從外部環境上保障了明末天主教的持續發展。

關於書教經驗，利瑪竇有著更為詳細的闡發。利瑪竇總結說：「在這裡用書籍傳教是最方便的方法，因為書籍可以在任何地方暢行無阻；這裡很多人皆可看書，很多事皆可由書籍傳授，講話便沒有那樣方便，這是我們的多年經驗之談。目前我們的教會已因四、五種印刷的書籍而傳開了；在此以前因無教會書籍，只有用語言與其它方法傳教。我發現中國人以為天主教與他們的宗教大不一樣。這在中國無形中是一種特殊的幫助，是東方其它的國家不曾有的。我可以給你證明，假使可能的話，把我們宗教有關的一切皆筆之於書，那麼聖教會只要一些指點與訓誨便可因而自傳了，尤其沒有神父的地方。」〔註106〕在對中國人信仰的具體觀察上，利瑪竇認為「中國人也傾向於事天修身」，據此，利氏提出通過中國先賢的教悔加上天主的恩典，中國人也可以得

〔註106〕利瑪竇：《利瑪竇書信集》，羅漁譯，臺北：光啟出版社，1986年，第413頁。

以救贖，從而找到補儒的最佳方式。「中國人自古就遵『天理』，且比我們歐洲人守的還更完善。在一千五百年以前，他們並不敬拜鬼神，即便那些敬禮鬼神的中國人也不像古代羅馬人、希臘人或埃及人那樣的淫逸無恥。中國古人主張修德養性，思想、行為、舉止一般皆佳。中國經書也是最古、最有權威之著作。書中只講『敬天地、敬天地之主』。我們如細讀這些書，裏面很少找到相反人性天理之事，反之有許多合乎天理、合乎良心，比任何講授本性學問的哲學家毫不遜色。我們可以希望中國古代的先聖先賢基於遵守天理良心，再加上上主的仁慈所賜的恩典，他們也可能得救昇天。」〔註107〕在此基礎上，利瑪竇稱讚儒家排斥佛道，但其評判的標準仍是以是否合乎天主教教義為準則。「我切願借書籍之助傳揚聖教。神父您應知道，在中國有三種宗教，其中最古老，中國統治者和學者信奉的，就是儒教；其它兩個皆拜偶像，互相敵視，而為學者所鄙視。讀書人多不談超性之事，至論倫理道德則與我們的差不多，就這樣借我所撰寫的書籍，稱讚儒家學說而駁斥另兩家宗教的思想，但並非直接攻擊，只是他們的思想和我們的教義相衝突時，才加以駁斥。因此在中國士大夫中我並無什麼仇恨，反之，他們樂意和我交往。一位有地位的學者對偶像非常崇拜，在他的文章中，批評我阿諛儒家諂媚學人，因為我把中國古代學人置入天堂之中。但同時我也設法聯絡其它知識分子，採取同一步伐，駁斥儒釋道三派；本世紀有不遵傳統的士大夫提倡新奇的思想，我也不客氣地加以駁斥，因此使不少現代學人信仰了天主，成為好教友，他們時常告解、領聖體，並盡可能選為神聖信仰作宣傳。」〔註108〕

上述兩點歸結到一點，即利瑪竇學術傳教的思路。注重培養來華耶穌會士的文化素質，「現在我們中間已有許多品行端正，對神學有研究的神父，大家更勉力學習深奧的中國學問，因為只知道我們自己的學術，而不通曉中國人的學問是毫無用處，於事無補的。神父，您可以清楚看出這點在開始是多麼重要啊！我個人的看法是情願在這樣的情形下歸化一萬人信天主，而不願在其它的光景下使全中國皈依」〔註109〕而士大夫由於對書籍的熟練掌握，自

〔註107〕利瑪竇：《利瑪竇書信集》，羅漁譯，臺北：光啓出版社，1986年，第413～414頁。

〔註108〕利瑪竇：《利瑪竇書信集》，羅漁譯，臺北：光啓出版社，1986年，第415～416頁。

〔註109〕利瑪竇：《利瑪竇書信集》，羅漁譯，臺北：光啓出版社，1986年，第415頁。

然成為傳教士傳教的重要對象，以取得立竿見影的社會示範效應。對此利瑪竇不無希望地說：「假使我教他們更深奧的學科，如物理、形而上、神學與超性的話，不知他們會用何種話表示他們的謝意了。」〔註110〕

綜上可見，利瑪竇基於多年的文化交往經驗，結合現實需要，提出了切合實際的傳教方法，而其總的原則即如利瑪竇所言：「我們依賴天主上智的安排，他不斷地以奇跡幫助我們，例如今天我們能夠在此定居、傳教，以智慧從事，雖未大聲宣揚，但是利用良好讀物與推理，對讀書人逐漸介紹我們的教義，讓中國人知道，天主教的道理不但對中國無害，為中國政府尚且大有幫助，它為帝國締造和平。以此原則我設法使知識分子皈依成為教友，對象不是大批的民眾；假如有一批知識分子或進士、舉人、秀才以及官吏等進教，由於知識分子能進教，自然可以剷除一般人可能對我們的誤會。如果我們有相當多的教友，那就不愁給皇帝上奏疏了，皇帝獲悉中國教友按教規生活，並不違反中國的國法，天主也逐漸顯示提供更合適的生活方式，去完成他的聖意。」〔註111〕這可以說是利瑪竇對其一生傳教政策最好的注腳。

（二）利瑪竇精神的繼承與發展

利瑪竇去世之後，其傳教策略與精神為第二代中國耶穌會士所繼承和發展，中西文化交流在更深層次上拓展，取得了積極成效。主要表現在：

其一，中國教區的持續擴大，來華耶穌會士不斷增加。

明末三十多年間，天主教傳教區不斷開闢，如耶穌會在山西、陝西、河南、浙江、山東等地也開始建立教堂。不僅如此，隨著葡萄牙東方保教權壟斷地位的喪失，多明我會、奧古斯丁會及方濟各會等托缽修會，開始進入中國內地傳教，開闢新的傳教區。此外，在中國教區繼任會長龍華民的努力下，耶穌會中國傳教區也漸漸從日本省教區擺脫出來，成為獨立的傳教區，這使得中國教區在資金和人員配置方面不再受日本教區的影響。此外，1616 年之後，德川幕府開始嚴行禁教令，日本耶穌會士被驅逐出境，大量集結在澳門狹小的範圍內。而相比之下，地域廣闊的中國日顯重要性，並成為之後遠東傳教的重點區域。

受利瑪竇在中國傳教成績的鼓舞，明末來華耶穌會士不斷增加，以完成傳教士的新老交替，並彌補新開闢傳教區的人員不足。如金尼閣借回歐洲彙

〔註110〕利瑪竇：《利瑪竇書信集》，羅漁譯，臺北：光啟出版社，1986 年，第 413 頁。
〔註111〕利瑪竇：《利瑪竇書信集》，羅漁譯，臺北：光啟出版社，1986 年，第 410 頁。

報期間，廣泛遊說歐洲各國耶穌會士，募集資金和禮品，並出版利瑪竇的回憶錄，使中國教區的傳教成績和前景廣爲流傳，22 名耶穌會士跟隨金尼閣抵達東亞傳教，其中著名的就有湯若望、穆尼閣、鄧玉函、傅凡際等，爲利瑪竇之後中國教區的穩定做出了積極貢獻。

其二，傳教階層日益擴大，學術傳教不斷鞏固，下層傳教也進展迅速。

明末耶穌會士繼續沿著利瑪竇的道路，將學術科技與傳教活動緊密結合在一起，在與中國官員及士人保持良好友誼的基礎上，不斷向社會各階層擴展。

如艾儒略作爲開教福建的第一人，「在福建的第一年，艾儒略的注意力主要集中在建立廣泛友好接觸的基礎上。與利瑪竇一樣，艾儒略通常喜歡從長遠的觀點看問題，他願意先有一些零星的收穫，期望的是將來的大豐收。他在這幾個月結識的一批重要的朋友，證明了他出色的工作。不僅如此，在福建的大多數城市裏，還有了一定數量的天主教徒和慕道者。艾儒略準備好了土壤，又播下了種子，在隨後的十年裏，得到了驚人的收穫。」〔註 112〕這爲艾儒略贏得了「西來孔子」的美譽，而其基本傳教思路也得益於利瑪竇的傳教示範。同時，金尼閣開教陝西，高一志在山西絳州的巨大成果，也均是利瑪竇傳教策略的延續。該時期受教階層呈現出多元局面，僅南京教案期間所涉及的中國教徒範圍，就具有明顯的廣泛性。

1616 年南京教案中國信徒表〔註 113〕：

姓　名	年　齡	籍　貫	身　份	入教因由
鐘鳴禮	34	廣東新會	修士	因父入教
張寀	22	山西曲沃	推水	同鄉稱說
余成元	29	江西	種園	表叔曹秀勸誘
方政	32	安徽	描金	隨叔入教
湯洪	32	上元	不詳	因兄舅入教
夏玉	33	南京衛	賣糕	曹秀勸誘

〔註 112〕鄧恩：《從利瑪竇到湯若望：晚明的耶穌會傳教士》，余三樂譯，上海古籍出版社，2003 年，第 177 頁。

〔註 113〕參見《破邪集》和陳垣先生文。陳垣：《從教外典籍見明末清初之天主教》，載《陳垣學術論文集》，北京：中華書局，1980 年，第 215～217 頁。

姓　名	年　齡	籍　貫	身　份	入教因由
周用	68	江西東鄉	印刷	王豐肅勸誘
鐘鳴仁	55	廣東新會	修士	因父入教
曹秀	40	江西南昌	結帽	因妻疾祈福
姚如望	61	福建莆陽	挑腳	——
游祿	53	南昌	蓖頭	羅如望勸誘
蔡思命	22	廣東新會	書童	投王豐肅家
王甫	31	浙江烏程	看園	余成元勸誘
張元	32	江西瑞州	結帽	仰慕王豐肅
王文	30	江西湖口	補網	姐夫曹秀勸誘
劉二	39	江西都康	木匠	王豐肅勸誘
周可斗	27	江西湖口	結帽	
王玉明	29	福建邵武	煮飯	天主堂煮飯
三郎	15	上海	孤兒	祖父送入天主堂
仁兒	14	直隸保定		伯父賣於龐迪我
龍兒	14	直隸保定	孤兒	伯父賣於龐迪我

由上表可見，明末的傳教工作已經向下層民眾傾斜，並取得了積極成果。

其三，中西文化認知在更深層次展開，呈現多元格局。

明末翻譯出版了大量的西方著述，涵蓋哲學、神學、醫學、農學、物理、天文、數學等各個領域，使得中西文化交流呈現出更加繁盛的局面。據鄒振環研究，「晚明西學進入漢語世界，雖然未成系統，大多還是屬於西學知識點和少量知識線的輸入，因而其所產生的影響在廣度和深度上都相對有限。但晚明也不得不承認，這一時期由漢文西學經典所帶來的異質性的元素事實上已經生成了明清間西學的知識場」〔註 114〕。也正是由於西學知識場域的初步形成，爲中國思想變革增添了新的元素，開啓了有別於傳統知識的取向。正如張曉林所言：「中國天主教對中國文化的影響，除了科學及其思維方式以外，神學和哲學方面的影響，已經在學界得到普遍的承認，並且已經有人從學理上指出了這個影響的具體所在。但是，如果儒家一神論仍然在儒家的語

〔註 114〕鄒振環：《晚明漢文西學經典》，上海：復旦大學出版社，2011 年，第 388 頁。

境、道統內被估價，這種影響也不可能說得清楚。所以，中國哲學史應該有專門的一章來處理明末清初儒家一神論。只有這樣，才能使包括戴震在內的清代哲學思想，以戴震為主要代表的考據學哲學方法，以洪秀全為代表的太平天國農民起義的思想，以及近代啟蒙時期康有為的思想等，得到學理上的充分說明，也只有這樣，才可能理清中國思想史上這重要一段的發展脈絡。」〔註115〕此外，利瑪竇之後，中國文化也被廣泛流傳於西方，為17、18世紀西方持續的「中國熱」，打開了良好的局面。完美的中國形象成為西方社會自我批判與變革的參照物，為西方社會注入了新的思想活力。由此，近代早期的中西方文化交流，對雙方而言都是積極的，有效的，並對以後數百年的社會變遷產生了深遠而持久的影響。

綜上所述，利瑪竇在華南地區的文化活動尚處於試驗階段，而在更為開放多元的江南文化氛圍中，才真正形成以「書籍與交友」為中心的文化交往模式，以此為基點，逐步擴大雙方的文化共識，擴充容納雙方文化的共同區間，體現了廣泛的文化寬容度。通過居留北京，該模式得到官方認可，為中西文化的進一步平穩交往奠定了穩定的政治局面。

〔註115〕張曉林：《天主實義與中國學統》，上海：學林出版社，2005年，第348頁。

第三章　儒耶衝突與利瑪竇的調適

　　晚明時期，由利瑪竇開啓的中西文化之間的接觸，面臨的最大的挑戰是，在有著深厚儒家文化傳統的中國，如何調和天主教倫理與儒家倫理之間的文化差異，求同存異，進而適應中國文化環境。由此，利瑪竇等耶穌會士採取補儒、合儒的方式以期達到超儒之目的，力求在將天主教倫理成功植入儒家文化的基礎上，發展出不同於儒家文化的倫理系統。自此，新的倫理元素萌發，並與晚明社會思想變革一道，促使中國傳統倫理開始悄然嬗變。

第一節　晚明儒學的變化

　　晚明是中國思想史上重要的變革時期，此時，不僅王學思潮處於鼎盛時期，經世思潮、三教合一論等社會觀念也開始發展壯大，成爲鼓譟晚明社會變遷的思想因素。利瑪竇入華也恰逢這一多元的文化氛圍，在此基礎上中西文化開始了第一次實質性的交流。而作爲異質文化的天主教開始與以儒家思想爲代表的本土文化發生碰撞、融合，使雙方開始出現相互契合的局面。可以說，這一成果的取得，與晚明寬容、多元的社會思想氛圍分不開的，尤其是王學末流的思想變革在其間起到了重要作用，成爲利瑪竇順利開展合儒、超儒文化調合活動的思想基礎。

一、陽明心學的演變

　　明中後期，出於對程朱理學的不滿與官方對知識分子的壓制局面，王陽

明心學興起，不僅在民間有較大的影響，而且逐漸漫延至政界，成爲不可忽視的政治力量。隨著王陽明被允許從祀孔廟，到萬曆年間心學思潮已是風靡海內。而此時的王學已經面臨分化的局面，並顯示出空疏的弊端。黃宗羲在《明儒學案》中按照地域將王門後學劃分爲浙中、江右、南中、楚中、北方、粵閩與泰州等支派，並認爲「陽明先生之學，有泰州、龍溪而風行天下，亦因泰州、龍溪而漸失其傳。泰州、龍溪時時不滿其師說，益啓瞿曇之秘而歸之師，蓋躋陽明而爲禪矣。然龍溪之後，力量無過於龍溪者，又得江右爲之救正，故不至於十分決裂。泰州之後，其人多能以赤手搏龍蛇，傳至顏山農、何心隱一派，遂復非名教之所能羈絡矣。」〔註1〕可見，王門後學出於對王陽明良知學說的不同理解，對師說各有發展，這構成了西學傳入中國時期的特殊背景。而利瑪竇入華由南向北的發展路徑正是與心學發展路線相暗合，並且利瑪竇與浙中、江右、泰州學派等諸多士人相唱和交遊，可見王學對西學存在相契合之處。

正如朱維錚先生所言：「利瑪竇入華，已在王學解禁並提升至科舉考試的準經典教義之後。王學在帝國如日中天，分化出眾多民間宗派，各派共同的活動形式是聚會講學，共同的高談闊論特點是競相質疑官方道學教義並竭力抒發別出心裁的己見，由此使大有離經叛道的怪論迭出。……然而對於利瑪竇傳播西學西教，更直接有利的，也許在於王門後學普遍認同的幾點道理：第一是王陽明重新肯定陸九淵於東西南北海都可出聖人的說法，那麼遠西的基督自然可比作東土的孔子。第二是王陽明曾哀歎『破山中賊易，破心中賊難』，因而王門諸派的分歧，一大焦點便是以何術才能救治混亂的人心？既然利瑪竇聲稱佛教源於西教又曲解西教，並且力陳西教『實義』與儒教本旨相通，那怎不使王學信徒感到復活眞儒術有了奧援？第三是王學因重『師道』而重聲氣相應的『友道』，以致普遍呼籲重構傳統的人倫位序，也就是把官方道學仍在墨守的君臣、父子、夫婦、長幼、朋友的倫常秩序顛倒過來，認爲志同道合又互勉互助的朋友結合，才是移風易俗、興利除弊和撥亂反正的依靠，甚至宣稱朋友是『五倫之綱』。」〔註2〕

〔註1〕 黃宗羲：《明儒學案》卷三十二泰州學案序，北京：中華書局，1985 年，第703 頁。
〔註2〕 朱維錚：《晚明王學與利瑪竇入華》，《中國文化》，2004 年第 21 期。

二、東林運動

　　晚明時期，正處於一個天崩地裂的年代，且王學末流已經發展爲狂禪的極端，引起各方面的反對，伴隨而起的是社會變革的呼聲不斷升高。在這一背景下，以顧憲成和高攀龍等爲代表的東林講學活動開始興起，力求糾正王學弊端，評議時政，試圖擴大輿論，以學術影響政治。

　　首先，東林士人在思想上講求經世之學，主張學問要有利於世道民用。如高攀龍所言：「事即是學，學即是事。無事外之學，學外之事也。然學者苟能隨事察，明辨的確，處處事事合理，物物得所，便是盡性之學。若是個腐儒，不通事務，不諳時事，在一身而害一身，在一家而苦一家，在一國而害一國，當天下之任而害天下。所以《大學》之道，先致知格物，後必歸結於治國平天下，然後始爲有用之學也。不然單靠語言說得何用？」〔註3〕

　　其次，爲救濟王學狂禪時弊，力攻佛教。如馮琦上書痛斥佛教禪學，認爲：「自人文向盛，士習浸漓。始而厭薄平常，稍趨纖靡；纖靡不已，漸鶩新奇；新奇不已，漸趨詭僻。始猶附諸子以立幟，今且尊二氏以操戈。背棄孔孟，非毀程朱，惟南華西竺之語是宗是競。以實爲空，以空爲實。以名教爲桎梏，以紀綱爲贅疣。以放言高論爲神奇，以蕩軼規矩、掃滅是非廉恥爲廣大。取佛書言心言性略相近者竄入聖言，取聖經有空字無字者強同於禪教。語道既爲踏駁，論文又不成章。世道潰於狂瀾，經學幾爲踏駁。」〔註4〕由此，東林士人將批判的矛頭指向王學末流所依據的佛學，揭露其荒謬性。不僅如此，還批判當時流行的三教合一思潮。顧憲成對王陽明儒釋道「一廳三間」的比喻提出批判，「仙家說到虛，聖人豈能虛上加得一毫實，釋家說到無，聖人豈得無上加得一毫有，是以吾之性命與二氏混也，不可言也」〔註5〕。

　　當利瑪竇東來之際，正值東林運動發展壯大之時，且兩者之間表現出學理上的部份一致性。而在與利瑪竇等傳教士所結交的士人中，東林士人占很大部份，對傳教士表現出好感，對傳教士的活動給予同情和支持，如葉向高、鄒元標、張問達、馮琦等人。正是在不斷交往中，雙方逐漸認識到在注重個人道德修養、反對佛教和三教合一以及講求經世實學方面存在一定的契合之處。正如謝和耐所言：「他們都與宦官、佛僧及其盟友們爲敵。他們對於佛教

〔註3〕 高攀龍：《高子遺書》卷三，《異端辨》，四庫全書本。
〔註4〕 馮琦：《宗伯集》卷五七「爲重經術祛異說以正人心以勵人材疏」，萬曆刻本。
〔註5〕 顧憲成：《顧端文公遺書》還經錄，清康熙刻本。

一直向文人界發展而感到惱火，都反對於事實沒有任何關係的空頭哲學，支持與他們有關紳士們的社會責任觀相吻合的實用儒學，關心帝國的防務及其財政狀況等。東林黨人只會感到與傳教士們意氣相投。」〔註6〕而利瑪竇等也借助晚明的社會思想變動局勢，大力向儒學靠攏，開啓了儒耶思想調和的局面。

第二節　仁愛之別

由利瑪竇來華引發的這場中西文化交流，在人生論層面，存在著諸多差異。在利瑪竇適應政策的主導下，傳教士對這一問題做了適當的調和，以便將西方「畏天愛人」的二重人性論，融入到儒家性善論的語境中。

一、人性論

基於天人關係的不同解釋，在西方天主教文化中，天主本身全善這不可懷疑，但由於人類的始祖亞當和夏娃，亂用了自由意志，違反天主的意願，偷吃了智慧果，被趕出伊甸園，從此人類犯下了原罪，世世代代遭受死亡的魔咒。故而在原罪觀中，由於人本性與天主是合一的，但人亂用了自由意志，做了違逆天主的事情，也由此破壞了自身的善的本性，成就了惡果，成爲人類社會惡的起源。人有了原罪，在生活中就失去了達到全善的可能，更無法找回自己善的本性，便可能在生活中犯下本罪。如果天主造人之後，結果竟是這樣，那天主造人的工作就沒有了絲毫意義，但天主是愛人的，不會讓人類因此墮落下去，便將自己的獨子送到人間，藉此天主以耶穌肉體的形式降臨世間，使人與天主重新達到某種形式的溝通。耶穌在世三十三年，以被釘十字架來救贖世人的工作，使人與天主的關係得以修復。故在西方，人性論是在原罪與救恩的關係中彰顯的。但在中國傳統人性論中，先秦典籍，大致不出自然的生命欲望和情慾之性。孔子罕言性與天命，但孟子首論性善論，並爲宋明理學所繼承，成爲中國傳統的主流認知。尤其是集大成的朱熹，綜合諸家學說，對性善論多所發明，甚至將性上升到與理一樣的本體論概念。

在這種中西差異的背景下，利瑪竇試圖借天主教教義改造儒家的人性

〔註6〕謝和耐：《入華耶穌會士與中國明末的政治和文化形勢》，載《明清間入華耶穌會士和中西文化交流》，成都：巴蜀書社，1993年，第109頁。

論。利瑪竇認為，中國傳統的人性論一直都沒有定論：「吾觀儒書，嘗論性情，而未見定論之訣，故一門之中恒出異說」。因此，利瑪竇對中國性善論與性惡論的長期爭論是有敏銳感知的，這對來自天主教神學背景的利瑪竇而言，性善則是不可置疑的。故利瑪竇基於西方邏輯學說，認為若要瞭解人性的善惡與否，首先要對性、善、惡等概念作出明確的界定：

> 夫性也者，非他，乃各物類之本體耳。曰各物類也，則同類同性，異類異性。曰本也，則凡在別類理中，即非茲類本性。曰體也，則凡不在其物之體界內，亦非性也。但物有自立者，而性亦為自立；有依賴者，而性兼為依賴。可愛可欲謂善，可惡可疾謂惡也。通此義者，可以論人性之善否矣。〔註7〕

在這裡，利瑪竇明確區分了同類同性，異類異性，且性為物類之本，即相當於邏輯上的內涵。為了進一步對「性」進行說明，利瑪竇同樣借助了自立者與依賴者的差別，認為性既為自立，又為依賴者。對善、惡之區分，利瑪竇借用愛、欲、惡、疾等感情色彩濃厚的詞彙規定善惡，這與宋明儒學將性、情分開來講有著明顯的不同。在對概念界定的基礎上，利瑪竇介紹了西方人性理論：

> 西儒說人，云是乃生覺者，能推論理也。曰生，以別於金石。曰覺，以異於草木。曰能推論理，以殊乎鳥獸。曰推論不直曰明達，又以分之乎鬼神。鬼神者，徹盡物理如照如視，不待推論。人也者，以其前推明其後，以其顯驗其隱，以其既曉及其所未曉也，故曰能推論理者。立人於本類，而別其體於他物，乃所謂人性也。〔註8〕

利瑪竇從人與萬物的差別中規定了人性，將之作為人的理性推理能力，這是人之為人的根本特點，而在此基礎上才可談論仁義禮智，可見東西方知性與德性的分疏。基於西方人性論，利瑪竇對人性善惡做出了正面回答，首先利瑪竇根據天主教神學認為人性有體、有情。從「理」為主的角度，人性是善的，但從用的角度，則根據性情之發用，人有善，也會有惡：

> 若論厥性之體及情，均為天主所化生，而以理為主，則俱可愛可欲，而本善無惡矣。至論其用機又由乎我。我或有可愛，或有可惡，所行異，則用之善惡無定焉，所為情也。

〔註7〕　利瑪竇：《天主實義》，朱維錚主編：《利瑪竇中文著譯集》，上海：復旦大學出版社，2007年，第72～73頁。

〔註8〕　利瑪竇：《天主實義》，朱維錚主編：《利瑪竇中文著譯集》，上海：復旦大學出版社，2007年，第73頁。

之後，利瑪竇詳細討論人在性和情兩方面，在什麼情況下可以爲善，何種情況下可是惡的：

> 夫性之所發，若無病疾，必自聽命於理，無有違節，即無不善。然情也者，性之足也，時著偏疾者也。故不當壹隨其欲，不察於理之所指也。身無病時，口之所啖，甜者甜之，苦者苦之；乍遇疾變，以甜爲苦，以苦爲甜者有焉。性情之已病，而接物之際，誤感而拂於理，其所愛惡，其所是非者，鮮得其正，鮮合其眞者。然本性自善，此亦無礙於稱之爲善。蓋其能推論理，則良能常存，可以認本病，而復治療之。〔註9〕

可見，從性這一方面來講，如果理性能正常發揮作用，則人的行爲都是善的。但從情的角度，則容易出現誤導，故若能按照理的要求，則行爲即爲善的，反之，就是惡的。從性的發用來看，性與情都有不足之處，而這裡所言的理，似當指天主教的道德規範。但利瑪竇並沒有做出明確的指涉，也可視爲對儒學道德規範的部份認同，並且借宋儒的性、情、欲、理等概念言說，也是對儒家思想的一種妥協。尤其是理欲是對立，性情是未發育已發之別，均與後儒相類似，故「利瑪竇對中國哲學的批判和與儒學的調和帶有全面性」。〔註10〕

　　但利瑪竇並沒有因爲惡是在所難免的，而否定「性」之本善，認爲「惡非實物，乃無善之謂，如死非他，乃無生之謂耳」。並且人具有道德判斷能力，即使有惡的行爲，也能憑藉此能力遷惡從善。可以看出，相對於天主教正統神學而言，利瑪竇對人的後天努力持肯定態度，認爲人能主動向善是天主對人類的恩寵，故人類應遵循天主的意願，憑藉理性能力，增加爲善的功德，即「天下無無意於爲善而可以爲善也。吾能無強我爲善而自往爲之，方可謂爲善之君子。」並進一步總結說：「人之性情雖本善，不可因而謂世人之悉善人也，惟有德之人乃爲善人。德加於善，其用也，在本善性體之上焉。」〔註11〕而這也基本符合 16 世紀天主教復興時期的自改革精神。

〔註 9〕 利瑪竇：《天主實義》，朱維錚主編：《利瑪竇中文著譯集》，上海：復旦大學出版社，2007 年，第 73 頁。

〔註 10〕 孫尚揚：《基督教與明末儒學》，北京：東方出版社，1994 年，第 86 頁。

〔註 11〕 利瑪竇：《天主實義》，朱維錚主編：《利瑪竇中文著譯集》，上海：復旦大學出版社，2007 年，第 74 頁。

此外，對於明末流行的復性說，利瑪竇通過嚴格區分性善與德善，表明自己堅定的天主教立場。認為：

> 性之善，為良善；德之善，為習善。夫良善者，天主原化性命之德，而我無功焉。我所謂功，止在自習積德之善也。孩提之童愛親，鳥獸亦愛之。常人不論仁與不仁，乍見孺子將入於井，即皆怵惕，此皆良善耳。鳥獸與不仁者，何德之有乎？見義而即行之，乃為德耳。彼或有所未能，或有所未暇視義，無以成德也。
> 〔註12〕

利瑪竇在此強調了德善是經過學習而得到的「新知」，是人經後天努力積纍的善功，若善只是復其初，則人人可生而為聖人，則會忽視了後天的道德修養。但這也是利瑪竇對復性說的一種誤解，在人性善的前提下，人人皆可為堯舜，但實際上無論朱熹還是明代主張復性說的高攀龍，並沒有排除對後天道德努力的強調。利瑪竇之所以排斥復性說，在於按天主教義，人的良善是天主規定的，人是無功的，人所應努力改善的只是通過後天習得的德善。可見，儘管利瑪竇對儒學有所妥協，都是基於世俗道德的考量，在對涉及天主教道德的根本問題上，則是不會讓步的。

在利瑪竇之後，這一思路被傳教士延續下來，如龐迪我、艾儒略等人，在對儒學人性說的改造上，不僅僅區分了性善與德善，更提出「克性之為道」。龐迪我在《七克》中對七種人性道德缺陷詳細論說，認為要以德克罪，而「他所借用的克不僅僅帶有自我剋制的儒學含義，更具有征服和取而代之的外在意味」〔註13〕。而艾儒略的「克性」說與龐迪我的「七克」有異曲同工之妙：「子思子有云：『率性之謂道。』吾將曰：『克性之謂道。』夫性體之未壞也，率之即已是道。乃今人之性，亦盡非其故矣，不克之，又何以成道哉？」〔註14〕這就意味著，如果按儒學來講，性為先天良善的，德善是後天習得養成的，故人之性情差別只在於每個人的善行和惡習的多寡。而對艾儒略來說，人在沒有原罪之前是良善的，一旦獲罪墮落，作為整體的人性已經遭到了原罪的

〔註12〕利瑪竇：《天主實義》，朱維錚主編：《利瑪竇中文著譯集》，上海：復旦大學出版社，2007年，第74頁。

〔註13〕林中澤：《晚明中西性倫理的相遇》，廣州：廣東教育出版社，2003年，第223頁。

〔註14〕艾儒略：《口鐸日抄》卷二，周振鶴主編：《明清之際西方傳教士漢籍叢刊》③，南京：鳳凰出版社，2013年，第384頁。

玷污，如果仍然順性而爲變則會走向罪惡的深淵，故要「克性」以成德。而這遭到了中國保守士人的反對：

> 若曰克性之謂道，何以謂之性？孔子曰：性相近也，習相遠也。則性乃先天，習爲後染。若云克習則可，而曰克性，則性非外來之物，又焉用克？性若克去，中藏何物？又曰：不克之，又何以成道？則道在中，而性反在外歟？不然又何必克性以成道哉？〔註15〕

可見，中西雙方在不同的語境中言說人性論。若以天主教的人性觀徹底改造儒學人性論，則是難以爲中國士人接受的。

但傳教士爲了迎合儒家人性論，其言說也是有所分別的。明末葡萄牙來華耶穌會士孟儒望在《天學略義》中，將儒學視爲「性教」，意思是天主教的道理篆刻在每個人的心中，有著自然自發的表現，但是這種表現主要通過自然理性來運行，只知其然而不知其所以然，所以其道德根基是不牢固的。所以作爲「性教」的儒學需要引入超性的天主教加以彌補，其好處在於：

> 人皆知己之有性，而不知其出於天主；亦知性爲天主所賦，而不知何修何率以覆命於天主。自天主降生爲人，立經典祭祀，赦罪入教，與教中之禮儀，乃能使人免地獄而昇天堂，可知天主新教正以補儒所未逮。而使人縣之，益得以盡其性，天下當信從而守之，斷斷無疑也。〔註16〕

即便如此，這也是在天主教人性論的框架之內，對儒學人性論的新的構建。但我們不得不承認，儒學內在超越的人性論有其根本缺陷，在於人本性自足，人人皆可爲堯舜，甚至如王學所宣導的滿街都是聖人，使得人的道德行爲在現實中會自我滿足，難以認識人性本身的局限性。而天主教人性論，在承認天主賦予人全善的同時，通過原罪否定了人道德生活的無限性，從而通過天主救贖這種外在超越的方式，將人引向道德良善，對儒學可謂是一種有益的補充，異或兩者可以相互發明。

二、仁愛

　　基於天人關係的差異，人與人之間的關係，在東西方有著不同的思考。

〔註15〕黃紫宸：《辟邪解》，見徐昌治：《破邪集》卷五，載鄭安德主編：《明末清初天主教文獻彙編》，北京大學宗教所，2003 年，第 176 頁。

〔註16〕孟儒望：《天學略義》，見周振鶴主編：《明清之際西方傳教士漢籍叢刊》①，南京：鳳凰出版社，2013 年，第 105 頁。

對中國而言，占社會主流的是儒家思想。而儒家對人與人之間關係的言說，可以上溯到孔子對「仁」的規定。其實早在孔子之前，「仁」就已經被廣泛應用，通常是指某人的道德品質。對孔子而言，儘管在不同語境裏，「仁」的具體含義有所差別，但總體來講，孔子將之提升到形而上的高度，即把「仁」視作德行的最高境界，尤其指君子人格。對於「仁」的界定，簡言之，即「己所不欲，勿施於人」，而其正面的表述爲「己欲立而立人，己欲達而達人」，而「立」的標準是必須遵循禮的規範。孟子繼承了孔子的仁，將仁作爲四端之一，並將之用於現實政治實踐，提出「仁政」。與孔子不同的是，孟子的仁已經神秘化了，更注重內心的精神修養，培養浩然正氣，這爲宋明儒學所繼承，成爲歷代士大夫所追求的人格理想境界。但對儒家而言，仁又不是抽象的，而是講究愛有差等，基於血緣、地緣、業緣的考慮，由家庭兄弟姐妹延伸到外人。隨著距離家庭、家族中心圈越遠，邊緣外的人就被疏離在外，故對儒家而言，仁在現實中總表現出親疏之別。

而對天主教而言，人與人的愛則是以「愛天主」爲前提的，並強調眾人平等。利瑪竇基於融合儒學的考慮，選擇了「仁」的概念來表述天主教的最大誡命「愛」。認爲仁爲道德的總綱，但將儒家的仁賦予了天主教的含義，即「夫仁之說，可約而以二言窮之，日愛天主，爲天主無以尚；而爲天主者，愛人如己也。行斯二者，百行全備矣」〔註17〕。而在愛天主與愛人之間，愛天主自然是首要的，只有愛天主方可愛人：

> 人心之司愛，向於善，則其善彌大，司愛者亦彌充。天主之善無限界，則吾德可長無定界矣，則夫能充滿我情性，惟天主者也。然於善有未通，則必不能愛。故知寸貝之價當百，則愛之如百；知拱璧之價當千，則愛之如千。是故愛之機在明達，而欲致力以廣仁，先須竭心以通天主之事理，乃識從其教也。〔註18〕

而利瑪竇之所以如此認識，則來源於天主教對天人關係的區分，由於天主賦予人以良善，故天主爲仁之基，愛之源。針對西方這種附會，中士認爲，將仁歸結爲愛天主似乎太過狹隘，因爲在儒學體系中，愛是一個表示對人或物

〔註17〕利瑪竇：《天主實義》，朱維錚主編：《利瑪竇中文著譯集》，上海：復旦大學出版社，2007年，第79頁。

〔註18〕利瑪竇：《天主實義》，朱維錚主編：《利瑪竇中文著譯集》，上海：復旦大學出版社，2007年，第79頁。

的愛戴、親近等感情的感念，只有「愛人」這一層含義用來解說「仁」。而「仁」除了「愛人」之外，仁還包括忠孝等一切善德。而利瑪竇則在「血氣之愛」與「神理之愛」之間做了區分，認爲由愛所引發的對財、色、名、利等世俗的追求之外，對天主的愛更值得人們供奉，以「顯其功德，揚其聲教，傳其聖道，闢彼異端」，這顯然提升了愛的內涵。基於愛天主，「愛人」也就成爲利瑪竇的應有之義。但與儒家「仁者愛人」不同，對「愛人」的強調是在與愛天主的關係中把握的：

> 所謂「仁者愛人」，不愛人，何以驗其誠敬上帝歟？愛人非虛愛，必將渠饑則食之，渴則飲之，無衣則衣之，無屋則舍之，憂患則恤之、慰之，愚蒙則誨之，罪過則諫之，侮我則恕之，既死則葬之，而爲代祈上帝，且死生不敢忘之。故昔大西有問於聖人者曰：「行何事則可以至善與？」曰：「愛天主，而任汝行也。」聖人之意，乃從哲引者，固不差路矣。〔註19〕

在此基礎上，利瑪竇對仁愛做出了天主教化的理解。按儒學對仁愛的理解，只能施用於血緣關係之內的人，即必須在「五倫」範圍之內談仁愛，並且對他人施以仁愛總是隱含有世俗報答的期望在內的。而利瑪竇按天主教的理解方式，認爲儒家的仁愛過於偏狹，不過是「相答之物」。進而利瑪竇認爲，仁愛不僅僅在五倫之內，也不能只應用於道德良善的人，對自己的仇人，或道德上「惡」的人，也要施以仁愛。這就彰顯出天主教仁愛的寬容、隱忍、和平等觀念，利瑪竇認爲「仁之理，惟在愛其人之得善之美，非愛得其善與美而爲己有也」。聯繫到利瑪竇對惡即善之不完滿之義，不僅善人對自己道德修養有可取之處，惡人也有可取之善的地方，在此意義上，「無絕不可愛之人」，而這也來自於天主爲一切人的道德良善的來源。並且惡人的世俗行爲包含改惡化善的可能，何況從人類原罪的立場，人人都是罪人，因此愛人如己包括愛惡人，以達到生命的自我潔淨。在此利瑪竇特別對張載的「民胞物與」進行批判，「況雙親兄弟君長，與我有恩有倫之相繫，吾宜報之；有天主誠令慕愛之，吾宜守之，又非他人等乎？則雖其不善，豈容斷愛耶！人有愛父母不爲天主者，茲乃善情，非成仁之德也，雖虎之子爲豹，均愛親矣」。與儒學將仁愛局限於人事、人際之間回報關係不同，利

〔註19〕利瑪竇：《天主實義》，朱維錚主編：《利瑪竇中文著譯集》，上海：復旦大學出版社，2007年，第80頁。

瑪竇更將之歸結爲天主，並認爲「有志於天主之旨，則博愛於人，以及天下萬物，不須徒膠之爲一體耳」〔註20〕。

利瑪竇對儒家仁愛觀的改造，中國士人是有敏銳的知覺的。陳候光嚴守儒學仁愛觀，認爲利瑪竇的仁愛觀是荒謬的，簡而言之，有以下幾點：一是將天主視爲大父，必會「以親爲小而不足愛」，以天主爲公君，而以君主爲「私而不足敬」，此爲率天下行不忠不孝之舉；二是近愛所親、國家，即便禽獸也能做到，但唯獨君子「能施遠愛」，強調了君子對道德責任的擔當；三是愛天主必然與事親相違背，因爲儒家是以「親親爲大」，不類天主教「仁也者乃愛天主」，此爲在親親之外而求仁道，沒有觸及人的本性；四是儒家將對親親的孝擴大到君主、朋友，認爲最尊者莫過於對君主的忠孝，而天主教則認爲即使身處下位的人和上位的人在愛天主上是平等的，違背了儒家的人倫秩序。〔註21〕

而奉教人士則多能對利瑪竇的仁愛觀，表示出一定程度的接受，其中王徵是比較典型的。王徵入教是在讀了龐迪我的《七克》之後，感到「悔半生功力，竟不能尋得天命所在」，而從此將自己的一生交付天主，則會「束我心神，不致走放，可馴至不愧不怍無難」〔註22〕。可見，王徵在儒學的經驗世界的自律之外，通過天主教的外在超越之路，重新找回邁向聖域之境的正路，這包含了王徵對儒學人生論的轉化。王征將這一正路表述爲「畏天愛人」，王徵認爲：

> 如謂「畏天愛人，吾聖賢久已言之，此中誰不知之？不必復事闡譯乎。」夫聖賢固已言之，然非徒言之而已也，亦非徒令人知之而已也，固欲人人日日設誠致行之。倘果人人日日設誠致行之，眞不必復事闡譯；若猶未也，聖賢救世之念，迄今猶未滿也。即反覆闡譯庸何傷？況亦有聖賢所欲言而未嘗言者乎？稍有其書，稍有其言，便謂已足，則堯舜之後，安用孔孟？眞法堯舜孔孟者，必不據堯、舜、孔、孟未盡之言，而詎人千里之外也。〔註23〕

〔註20〕利瑪竇：《天主實義》，朱維錚主編：《利瑪竇中文著譯集》，上海：復旦大學出版社，2007年，第81頁。

〔註21〕陳候光：《辨學芻言》，徐昌治：《破邪集》卷五，香港：宜道出版社，1996年，第246頁。

〔註22〕王徵：《畏天愛人極論》，出自林樂昌編校：《王徵集》，西安：西北大學出版社，2015年，第158頁。

〔註23〕王徵：《畏天愛人極說》，出自林樂昌編校：《王徵集》，西安：西北大學出版社，2015年，第181頁。

可見，「堯舜孔孟者，必不據堯舜孔孟未盡之言，而詎人千里之外」，在王徵看來，天主教的仁愛觀是對儒家倫理的有效補充，也是對天主教外在超越的認同，只是在王徵看來，其內涵更加符合中國語境。在此，王徵借用王學的良知說融合天主教的畏天愛人之學：

> 《畏天愛人極論》者，所以論天之不可不畏，人之不可不愛。而凡學聖賢者，畏天愛人之功，必不可少也。然「論」焉足矣，而必曰「極」者何？蓋畏天愛人，本人人原具之良心，亦愚夫愚婦所可與知與能之平常事，而實千古希賢、希聖、希天者之眞功用，祗在吾人一提醒轉念間耳。

王徵的這一轉化，看似是對儒學的一種附會，但對天主教倫理他律的認同顯然是其最終目的，只不過王徵給予它以中國化的言說方式，即畏天愛人使「吾四海兄弟，人人認得元初眞父母，共盡昭事之道，以期偕歸本鄉云耳，無他腸也」〔註24〕。

三、義利觀

義與利作爲傳統道德哲學中一大問題，歷來是爭論不休的。在先秦時期，對儒家而言，一般崇尚義，以爲做事只需考慮是否符合禮的規範，而不必考慮個人的利害得失。孔子認爲：「君子義以爲質，禮以行之，孫以出之，信以成之，君子哉！」〔註25〕表明義乃君子的立身之本，是道德行爲的最高標準。而孔子對利的態度，則是「罕言利」。但孔子並非不言利，主要是針對君子的道德修養而言，只需問是否合於義，而不問有利無利，即「君子喻於義，小人喻於利」。〔註26〕孟子繼承孔子，尚義反利似過之。孟子認爲，人的一切道德行爲須以義爲準繩，其餘一概不考慮。若言利，則必然會導致社會動亂，故孟子的義乃是「大人者，言不必信，行不必果，惟義所在」，一切言行的對錯，以是否合乎義爲旨歸。相比之下，荀子則融通得多，儘管荀子也出於君子人格的培養，注重義的價值，但也不排斥利，「義與利者，人之所兩有也，

〔註24〕 王徵：《畏天愛人極説》，出自林樂昌編校：《王徵集》，西安：西北大學出版社，2015 年，第 182 頁。

〔註25〕 《論語注疏》卷一五：衛靈公，何晏注，邢昺疏：《十三經注疏》，北京大學出版社，2000 年，第 242 頁。

〔註26〕 《論語注疏》卷四：里仁，何晏注，邢昺疏：《十三經注疏》，北京大學出版社，2000 年，第 56 頁。

雖堯舜不能去民之欲利，然而能使其欲利不克其好義也」〔註27〕。故在荀子看來，人沒有不好利的，但人對利的欲望，不能勝過對義的追求，否則會世道大亂。與儒家相對立的是，墨家最重利，認為凡是對廣大民眾有大利的行為，都是值得做的。但墨家也不是不講義，而是認為義利是一致的，「義，志以天下為芬，而能能利之，不必用」。最為極端的是道家，既鄙視利，也摒棄義，認為義利的區分是人為的，只要道法自然，就可以超越義利的是非。之後歷代各派思想家對此也是莫衷一是，即便宋明儒學也是如此。對於被立為官學的朱熹學說來講，基本沿襲孟子的思想，義利必須嚴格分辨，認為「義利之說，乃儒者第一義。」在朱熹對義利的規定中，義是「天理之所宜」，是君子道德人格所必須具有的，而利則是「人情之所欲」、「人欲之私」，出於培養君子人格及穩定社會秩序的需要，必須明瞭義利之辨，重義輕利。陸王心學對義利之辨的立場與朱熹是一致的，只是強調義出於內在的良知規定。只是到了晚明，隨著社會變革，各種思潮呈現，對情、欲、利給予了肯定。

在此背景下，利瑪竇對義利觀做出自己的理解。利瑪竇是在對仁愛觀的基礎上言說義利的，認為對良善的培養要賞罰利害、勸善阻惡。那麼何為利害呢？利瑪竇對孔子的「罕言利」做了自己的解釋，認為世俗的利害是關乎身體的壽夭、財貨的增減、名聲的榮辱。《春秋》只對第三種做了認可，而對其餘兩種一併摒棄。孔子勸善阻惡的辦法，是借春秋之義辨明名聲之利害，並非不言利，而是「利所以不可言者，乃其偽，乃其悖義者耳」。孟子宣導仁義，勸君主實行仁政。在利瑪竇看來，「王天下」這種義舉，也是一種利害的表現，並認為人都要做對朋友有利的事情，「利無所傷於德」。但這種世俗的利仍然是微不足道的，「論利之大，雖至王天下，猶為利之微。況戰國之主，雖行仁政，未必能王；雖使能王，天下一君耳。不取之此，不得予乎彼，夫世之利也如是耳矣」。在否定世俗之利的基礎上，利瑪竇指出自己所言的利，乃是「來世之利」，縱使這種利被所有人得到，也不會發生相互爭奪相互侵害的事情。他認為，相對於孟子的仁政，使人輕視世俗利害，更有利於王化：

> 以此為利，王欲利其國，大夫欲利其家，士庶欲利其身，上下爭先，天下方安方治矣。重來世之益者，必輕現世之利。輕現世之

〔註27〕王先謙：《荀子集解》卷一九：大略，《諸子集成》，北京：中華書局，1954年，第330頁。

利，而好犯上爭奪，弑父弑君，未之聞也。使民皆望後世之利，為
政何有？〔註28〕

利瑪竇在這裡強調了天主教對世俗王化有利的一面，有利於打消士大夫對天
主教倫理破壞社會秩序的疑慮。同樣，對這種有利於政治穩定的強調，也在
徐光啓等奉教人士中廣為宣傳。而這與天主教在歐洲社會的意義則是相反
的，法國漢學家謝和耐對此有著清晰的比較，認為對中國社會的比附是不恰
當的：

由於基督教置身於中國的社會——政治範疇之外和之上，而不
是像合法宗教所做的那樣，是與它相結合併加強它，所以基督教就
以破壞來威脅這種秩序。基督教由於置身於中國社會之外，又屬於
另一種性質的宗教，因而它趨向破壞一個社會和一個國家的基礎本
身。而社會和國家又是以尊重一種不會有宗教和世俗對立的完整秩
序為基礎的。……

傳教士們注意使統治集團感到放心，他們常常強調指出其宗教
不會威脅社會秩序的事實。但他們在採納一種恰恰與中國人的關注
相吻合的論據時，走得太遠了；基督教具有政治作用和對風俗習慣
的有利影響。基督教實際上是宣揚順從。他們說，那些僅僅嚮往天
堂和鄙視本世世俗財富的人，怎會起來反叛民權呢？他們就這樣企
圖把基督教王國想像成一個和平與和諧的世界，這完全是一種引誘
中國人的形象。〔註29〕

但我們也不應否定，利瑪竇對中國政教關係的清醒理解，在盡力迎合統治需
要的前提下，為傳教活動爭取寬鬆的政治環境。

利瑪竇對來世之利的引入，對中國人而言是陌生的，在中國傳統思想環
境下，無論儒家還是道家，包括中國化了的佛教，對現世都給予了充分的關
注。中士站在儒家立場，認為世俗的利害對君子而言避之尚且唯恐不及，更
不要說對待來世的利害了。利瑪竇對此從兩方面進行反駁。一是強調「來世
之利甚大，大非今世可比」，並對現世的利害做了徹底的否定，借用被《春秋》

〔註28〕利瑪竇：《天主實義》，朱維錚主編：《利瑪竇中文著譯集》，上海：復旦大學
出版社，2007年，第62頁。

〔註29〕【法】謝和耐：《中國與基督教》，耿昇譯，上海古籍出版社，2003年，第90
～93頁。

所摒棄的身體的壽夭、財貨的增減來解說來世之利，認為來世之利讓人「後世萬祀之無窮」，而且拋卻對現實財貨的留戀，「今世僞事已終，即後世之眞情起矣，而後乃各取其所宜之貴賤也」。二是，利瑪竇借用對士人有吸引力的義，說來世之利，認為知來世之利害，是導引小人由利入義的不二法門，「民溺於『利』久矣，不以利迪之、害駭之，莫之引領也」。通過這種方法，引導士人善善惡惡：

> 吾欲引人歸德，若但舉其德之美，夫人已昧於私欲，何以覺之乎？言不入其心，即不願聽而去。惟先怵惕之以地獄之苦，誘導之以天堂之樂，將必傾耳欲聽，而漸就乎善善惡惡之成旨。成者至，則缺者化去，而獨其成就恒存焉。故曰：「惡者惡惡，因懼刑也；善者惡惡，因愛德也。」〔註30〕

如此，天主教的天堂乃道德高尚的人聚集的地方，且「定心於德，勿移於不善」，地獄乃「古今罪惡之人所流穢污之域」，知道這種天主教道理，則能積極引導人的道德行爲走向君子人格。反之，不承認天堂來世之利的，則不能稱其爲君子。在利瑪竇看來，如此來世之利即爲一種大利，這與墨家思想有較爲契合之處，而這也得到中國部份士大夫的認同，如周炳謨就認爲利氏所宣導的與墨子「兼利天下而不蓄私」有向暗合之處。但儘管墨子尊天事鬼，但在言「利」上，兩者區別也是很大的，墨子之利對於利瑪竇而言仍不過是世俗之利，不具有對世俗的超越性。

由上可見，儘管在理論上，利瑪竇對儒學的世俗之義利之辨持否定態度，試圖以來世之利超越於世俗之上，但基於對中國政教關係的考慮，也不得不強調來世之利對世俗政治的益處，而這就犧牲了其本含有的變革世俗的精神，代之以更符合中國教化的順從品格，將天堂視爲義人的光明之域，略帶有迎合儒學之意。

第三節　孝嗣之辯

無論是萬物一體，還是人性論的差異，都屬於中西文化深層的碰撞，尚具有一定的隱蔽性，而孝嗣之辨則是外顯的。在晚明時代，隨著天主教耶穌

〔註30〕利瑪竇：《天主實義》，朱維錚主編：《利瑪竇中文著譯集》，上海：復旦大學出版社，2007年，第64～65頁。

會士進入中國，不論是初期的僧人身份，還是後期的西儒形象，給中國人最大的直覺感受是，這是一群不婚不仕的人，這與中國傳統的孝嗣觀念產生直接衝突。對於這一問題處理的成敗，直接影響到天主教能否順利地融入中國文化，而利瑪竇對這一關係中西倫理的敏感問題進行了成功調和。

一、獨身與婚姻

　　據林中澤先生考察，西方對獨身主義的強調是教俗分流的必然產物，其出發點在於維護極少數教職人員的獨特地位。由此，恪守獨身的教職人員，成爲社會的優越分子，自然獨身便成爲接近天主的行爲標誌，結果與婚姻形成了對立。〔註31〕而利瑪竇等人均出身高貴，加上很早就接受了耶穌會公學的良好教育，也自然是教職人員中的佼佼者，才被派往遠東開拓教務。在華期間，利瑪竇對作爲教士的獨身處境是十分明瞭的。在傳教初期，由於採用僧人身份，不至於爲士人詬病，但當進入南昌後，開始公開轉換西儒形象，人們除了對西儒的科技表示濃厚的驚奇之外，也對傳教士的獨身禁欲表示不解與困惑。在中國士人眼中，既然採納華服，自然在日常生活上也該入鄉隨俗，並且這是人之常情：

> 擇賢以君國，布士以訓民，尚德之國也，美哉風矣！又聞尊教之在會者，無私財，而以各友之財共焉；事無自專，每聽長者之命焉。其少也，成己德、博己學耳；壯者，學成而後及於人。以文會，以誠約，吾中夏講道者或難之。然有終身絕色、終不婚配之戒，未審何意？夫生類自有之情，宜難盡絕，上帝之性，生生爲本，祖考百千，其世傳之及我，可即斷絕乎？〔註32〕

在這裡，中士對西方道德風尚頗爲讚賞，唯獨對傳教士絕色獨身表示不解，並用中國傳統眼光對此暗含批評之意，認爲順乎人情、遵行孝道是最基本的道德底線。利瑪竇對此表示理解，認爲「絕色」確實有礙於人之性情的，所以西方並沒有將之作爲十誡之一，教會也並沒有強人所難，而是依照自身條件作出選擇。對傳教士群體的獨身選擇，利瑪竇從兩方面給予回應。

〔註31〕林中澤：《晚明中西性倫理的相遇》，廣州：廣東教育出版社，2003年，第82頁。

〔註32〕利瑪竇：《天主實義》，朱維錚主編：《利瑪竇中文著譯集》，上海：復旦大學出版社，2007年，第86～87頁。

其一，強調了西方傳教士獨身主義的優越性，即獨身身份與修德的關係：「然其事難能，大抵可以驗德，難乎精嚴正行。凡人既引於德，則路定而不易矣。君子修德不憚劬苦。吾方寸之志已立，則世上無難事焉。使以難爲爲非義，則甚難爲義者也。」利瑪竇借用儒家的「君子」概念，將追求道德事業的難易程度，作爲區分君子和小人的分界，進而突出自身社會地位的優越感。這與儒家以道德分野取代社會地位之別的取向是相逆的。在此基礎上，利瑪竇進一步突出宗教的靈修生活與世俗的差異：「生生者上帝，死死者誰乎？二者本一，非由二心。未開天地千萬世以前，上帝無生一生者，生生之性何在乎？人心之卑暝，莫測尊極之心，矧云咎之哉！且人以上帝之心爲心，非但以傳生爲義，亦有隙生之理。」〔註33〕而這與儒家將個人的道德修行看做積極參與世俗生活的起點相矛盾。但是對於明代士大夫而言，面對政治生活朝不保夕的艱難處境，紛紛逃禪，或不出仕以解脫自身。而利瑪竇認爲，獨身者摒棄現世的追求，關注自身的道德修養，對士人有一定的吸引作用。並且，通過表明自身不熱衷於世俗事務，也可緩解士人階層對天主教政治訴求的疑慮，並不將它視作對大明朝的威脅。

其二，利瑪竇借社會分工，給獨身主義以更合理的解釋。利瑪竇將天下人民比喻爲身體的各個部份，社會分工促使人類各司其責，而「生人」與「司教」即是這種社會分工的結果，二者無法相互替代。否則，「若云以此生人、又兼司教以主祭祀始爲全備。竊謂婚姻之情固難竟絕，上帝之祀又須專潔，二職渾責一身，其於敬神之禮必有荒蕪」。進而利瑪竇從社會退化史觀的角度，認爲在古代，人數少，故一人可同時兼兩種角色，隨著社會的演變，人數增多，但道德水準嚴重下降，故社會需要部份人專門從事宣教工作。再者，從男女社會角色上，利瑪竇認爲男女是平等的，尤其在生育後代方面，雙方都負有不可推卸的責任。但在中國士人看來，對女性做出嚴格的貞節規定是合理的，每每表彰，而對男性的貞節規範卻始終沒有。對於這種「小信」，利瑪竇是不屑的，因爲在西方，寡婦再嫁並不是什麼有失名分的事情，女性的守貞往往是針對天主而言的，其動力來自對自身靈魂的救贖，與丈夫的實質性聯繫不大。從這一角度，利瑪竇爲傳教士的獨身立場予以辯護，聲稱「吾三四友人，因奉事上帝，欲以便於遊天下，化萬民，而未暇一婚，乃受貶焉，

〔註33〕利瑪竇：《天主實義》，朱維錚主編：《利瑪竇中文著譯集》，上海：復旦大學出版社，2007年，第87頁。

不亦過乎」。〔註34〕在此,利瑪竇認爲傳教士爲天主的守貞比寡婦守貞行爲更爲尊貴。

由此可見,中西之間世俗倫理與宗教倫理的差異,而利瑪竇恪守天主教的獨身主義觀念,並對中國貞節觀做了一定的批判,顯示出兩者之間倫理的分野。傳教士在獨身修德與世俗生活之間有著嚴格的區分,但在中國士人看來,修德與世俗的經世致用並不衝突,即「婚娶者,於勸善宣道何傷」。但利瑪竇很清楚,如果基於早期天主教的規定,允許教徒在獨身與婚姻之間自由選擇,但按中世紀天主教神學的理論分析,獨身是天主教神職人員所必須遵守的制度。再者,天主教既然最終選擇了以西儒形象融入中國,作爲外顯的獨身制度是區別於儒士的基本行爲,也是要予以強調的,以便在融入中國文化氛圍的同時,保持自身的天主教徒身份。對此,利瑪竇對獨身主義的好處做了具體的闡發。大體可分爲三個方面。

其一,利瑪竇強調了西方的二元對立,彰顯傳教士獨身守貞的神聖性,諸如世俗與靈修、情慾與道德、財色與神貧、靈魂與肉體等。

對此,利瑪竇主要是參照了西方社會生活背景。在西方,婚姻和家庭生活對男性而言是一種沉重的社會負擔,按照羅馬法規定,女方的嫁妝並不屬於丈夫。在離婚時,妻子有權帶走,死後必須留給兒女,在沒有兒女的情況下,則要傳給女方的直系親屬。但男方則無論在何種情況下,都必須置辦產業,或爲兒女準備嫁妝,如此沉重的負擔,造成人們紛紛逃避婚姻義務。此外,中世紀婚姻還要受領主的支配。故西歐人不得不面臨兩難選擇,要麼結婚過世俗生活,但卻要遭到領主的支配,要麼獨身選擇靈修生活,接受教會的控制。而在中國社會,這種政治與宗教的二元對立是不可想像的,基於儒學主導下的社會規範,統治者一般鼓勵多生育,這也被視作社會美德。對個人來講,養家糊口,儘管意味著沉重的經濟壓力,但中國人甘願忍受這種負擔,並以此爲樂,這是西方傳教士難以理解之處。尤其對耶穌會士而言,絕色、絕財、絕意乃耶穌會最基本的要求,升爲神父,更要發誓永遠效忠教皇。在這些根本的原則問題上利瑪竇必須堅持。再者,利瑪竇對獨身修德的強調,也暗含指責佛教徒的道德敗壞,不能靜心修道,將靈修融入百姓日用之間,而對佛教徒的指責,進一步證明了傳教士的獨身行爲更具有正當性。

〔註34〕利瑪竇:《天主實義》,朱維錚主編:《利瑪竇中文著譯集》,上海:復旦大學出版社,2007年,第87～88頁。

其二，再次從社會角色分工的外部環境角度，強調傳教士專精於修道對改善世風道德低下的作用。

與前次相類似，利瑪竇將傳教士專精於傳教事業，比喻成歷史上的英雄攻取天下一樣艱難，甚至而有過之，「史傳英雄攻天下而得之者多矣，能克己者幾人哉」。這樣就更顯示出爲防止萬民的私欲，傳教士獨身靈修的社會功用價值更大。這對主張克己修德的士大夫自然是不陌生的，但利瑪竇對修德的具體指向隱含了天主教倫理在內。儒家的克己是沒有絕欲內容的，只要求對私欲進行一定的限制，以便將自己的私欲置於社會有效的監督制約下。而利瑪竇所借用儒家的克己，則不具備調和世俗生活規範的內容，而是指向了精神的至善之域，即「謹慎以殉義，殉義以檢心，檢心以修身，修身以廣仁，廣仁以答天主恩也，此乃生人切事，可以稱上帝之大旨」。這裡顯然是對儒家「內聖外王」道德修養模式天主教式的表達。在此基礎上，利瑪竇認爲相對於世俗生活來說，傳教士的靈修生活更具有價值，而不是像儒家士人一樣，既想修德，又不能擺脫世俗食色的羈絆，這是對儒家世俗道德的一種超越。可見，利瑪竇是站在天主教神學立場，宣揚以神爲中心的道德靈修，既然天主教倫理的所有價值來自於對來世永福的追求，那麼對專精於道德生活，也就具有了正當性，更何況在中世紀，這被認爲是精英階層的標誌。對此，利瑪竇有精妙的比喻：「西士之專心續道，甚於專事嗣後者也。譬夫斂收五穀萬石，未有盡播之田中以爲穀種者，必將擇其一以貢君，一以藝稼爲明年之稸。曷獨人間萬子皆罄費之以產子，而無所全留以待他用者耶？」〔註35〕利瑪竇將婚嫁與獨身比作留種之穀與供食用之穀，表面上不倫不類，實則是從社會分工角度對自身的另一種辯護方式。

其三，從神職人員自身的特性角度強調獨身修道的必要性。

利瑪竇從生物學的角度，認爲傳教士需要有健康的體魄，而獨身是保持體魄的最佳途徑，而人若像動物一樣沉溺於情慾中，必會耗損有限的精力。但對於中國人而言，儘管有「過色傷身」的說法，但總體上，是提倡適度的情慾的，並將之作爲延長生命的一種修養方式。利瑪竇之所以強調體魄，是出於其遠遊目的的，「天主聖教亦將尋豪傑之人，能周遍四方之疆界者，以明道禦侮、息異論、迸邪說，而永存聖教之正也」，而婚配對這一宏願是有影響的。

〔註35〕利瑪竇：《天主實義》，朱維錚主編：《利瑪竇中文著譯集》，上海：復旦大學出版社，2007年，第89頁。

　　敝會之趣無他，乃欲傳正道於四方焉耳。苟此道於西不能行，
則邅其友於東；於東猶不行，又將徙之於南北；奚徒盡身於一境乎？
醫之仁者，不繫身於一處，必周流以濟各處之病，方爲博施。婚配
之身，纏繞一處，其本責不越於齊家，或迄於一國而已耳。〔註36〕

進而，利瑪竇借中國士人未能遠遊傳道於四方來現身說法，認爲中國士人受
婚姻羈絆，限制了修行。而實際上，中國士人受婚姻羈絆只是次要的因素，
對孝的責任才是士人不遠遊的眞正原因。中國「以孝治國」，士人對「父母在，
不遠遊」的古訓，是有所顧忌的。此外，在父母去世後，也要受「三年無改
於父之道」的約束，加之儒家克己忠恕的傳統，和嚴防華夷之辨的中央王朝
心態，更加對士人遠遊異鄉他國產生消極影響。當然，利瑪竇的意圖並不只
是在於否定中國士人的修德局限性，而是著眼於突出傳教士獨身靈修生活的
高尚，「吾會三四友，聞有可以行道之域，雖在萬里之外，亦即往焉，無有託
家寄妻子之慮，則以天主爲父母，以世人爲兄弟，以天下爲己家焉。其所涵
胸中之志，如海天然，豈一匹夫之諒乎」〔註37〕。

　　所以，儘管利瑪竇千方百計想調和儒家的克己修德，但對自身特性是有
清醒認識的，而也有意凸顯這種差異，以表示對儒學有補充和高出儒學的地
方。而這體現在利瑪竇對傳教士的神聖作用的渲染上：

　　凡此與彼彌似，則其性彌近。天神了無知色者，絕色者其情通
乎天神矣。夫身在地下，而比居上天者。以有形者而效無形者，此
不可謂鄙人庸學也。似此清淨之士，有所祈禱於天主，或天之旱，
或妖鬼之怪也，或遇水火災異之求解也，天主大都鑒而聽之，不然
上尊何能寵之哉！〔註38〕

這裡，利瑪竇對傳教士獨身守貞與獲得靈修的神秘力量之間的關係作了說
明，而這只能通過傳教士的性純潔來獲取。據林中澤先生考察，這種對神秘
力量的渲染，早在教會初期就已經形成，並演變成之後天主教的驅魔儀式，
而神職階層的驅魔人員被認爲是神授，故「爲了保證他們的神聖功能維持不

〔註36〕利瑪竇：《天主實義》，朱維錚主編：《利瑪竇中文著譯集》，上海：復旦大學
　　　　出版社，2007年，第89頁。

〔註37〕利瑪竇：《天主實義》，朱維錚主編：《利瑪竇中文著譯集》，上海：復旦大學
　　　　出版社，2007年，第89頁。

〔註38〕利瑪竇：《天主實義》，朱維錚主編：《利瑪竇中文著譯集》，上海：復旦大學
　　　　出版社，2007年，第89～90頁。

衰，長期乃至終身的性禁忌對於他們來說便是絕對必要的，於是在這些教會的驅魔員當中便發展了最早的獨身主義」。〔註39〕而這爲耶穌會士所繼承，並在進入中國傳教過程中，屢次渲染驅魔的功效，更增強了利瑪竇對獨身主義特殊身份的宣講。

基於以上三點闡發，在於對自身西儒的獨身身份辯護，更藉此勸誡中國士人，獨身比婚姻更有利於靈修。利瑪竇申辯，獨身只是神職人員的自我靈修生活的選擇，並不是針對所有教徒的宗教戒律，而這也緩和了中國士人對天主教獨身的疑慮和不滿。而其最終指向在於對中國士人較爲認同的德性層面的強調，並對中國人不正常的情慾生活作了批判：

> 乃中國有辭正色而就狎邪者，去女色而取頑童者，此輩之穢污，西鄉君子弗言，恐浼其口。雖禽獸之匯，亦惟知陰陽交感，無有反悖天性如此者，人弗報焉，則其犯罪若何？吾敝同會者收全己種，不之藝播於田畝，而子猶疑其可否，況棄之溝壑者哉！〔註40〕

通過這種對比，利瑪竇烘託出美德的聖潔品質，而這符合士人階層對良善德行的推崇，也對晚明的社會風尚有所針砭，迎合了正統儒士的心理。

對傳教士的獨身守貞，奉教士大夫對此深表理解。朱宗元從五個方面概括了神職人員，即「司大祭」、「告解罪惡」、「遠遊敷教」、「耐習大勞」、「通徹奧理」等。他將守貞提升到「關繫於天下生死安危」的高度，對神父們「絕一身最難絕之欲，以救萬民不可窮之災」的精神深感欽佩，而顯然在朱宗元看來獨身的價值在於對現世的道德引導，以利於天主「生生」之義：

> 故博學大智，十七者皆不娶之士焉。若乃性孤僻而不婚，潔名譽而不肯婚，或異端滅倫而不敢婚，皆明拂造物主生生之意，誠無足取。顧不婚不宦者，人猶美之，況西土之守貞，大利於四方萬民者哉。〔註41〕

與之相同，楊廷筠從對世風日下，對西方一夫一妻制以及傳教士的守貞德行表示讚賞，認爲這是最契合靈修的方式：

〔註39〕 林中澤：《晚明中西性倫理的相遇》，廣州：廣東教育出版社，2003 年，第 151 頁。

〔註40〕 利瑪竇：《天主實義》，朱維錚主編：《利瑪竇中文著譯集》，上海：復旦大學出版社，2007 年，第 90 頁。

〔註41〕 朱宗元：《拯世略說》，張西平主編：《梵蒂岡圖書館藏明清中西文化交流史文獻叢刊》（第 1 輯第 14 冊），鄭州：大象出版社，2014 年，第 284 頁。

大抵好色屬情，情起自形質。一夫一婦，相將不離。發乎情，
止乎理。義雖情，而實性有之，不妨學道。不若諸儒，全以性用，
情念不生，於道最易合，造位最高也。嗚呼！即一色戒，可想像西
儒之品格矣。〔註42〕

故利瑪竇等傳教士對天主教守貞的強調，在中國語境下，更有了有利於世俗
德行改善的意味，這是利瑪竇所始料未及的。

二、孝親與納妾

對於中國人而言，孝是一個核心的倫理概念，也是最爲自然而然的道德
情感，故《中庸》有言「仁者，人也。親親爲大」〔註43〕。所以孝悌在五倫
之中，佔有核心的位置，並由此推演出其它道德，儘管如此，它仍然被包含
在「仁」的總綱之下。此外，孝與敬往往是相互關聯的，敬是包含在孝之內
的道德要求，若沒有「敬」，孝只是軀殼，而不會有眞正的道德情感與精神品
格。這在傳統社會結構中，極易造成內外、親疏等差別關係，使得整個社會
的運轉，建立在由內到外的龐大的道德紐帶中，由對父母的孝推及對君主的
忠誠，使整個社會成爲一個家國同構的聯合體。而在天主教看來，對父母的
孝是建立在對天主的愛的基礎上的，正如劉耕華先生所言：「每個人，只是肉
身得自塵世父母，比肉身珍貴無數倍的靈魂則由天主單獨賦予。這種生命來
源的思想，當然會使基督徒把眞正的『愛』獻給天主。在天主面前獻上『愛』，
就等於接受相互愛的召命：愛天主又相互愛，每人都作天主的兒女又彼此成
爲弟兄姐妹。這種在天主面前靈魂彼此平等的生命觀念對明末的中國社會是
一個很大的衝擊。」〔註44〕而利瑪竇對此是理解的，並極力對儒家的孝進行
了新的詮釋。

針對孟子所言的「不孝有三，無後爲大。舜不告而娶，爲無後也，君子
以爲猶告也」〔註45〕的說法，利瑪竇首先付諸理性的解釋，認爲古今不同，

〔註42〕楊廷筠：《天釋明辨》，吳相湘主編：《天主教東傳文獻續編》臺北：學生書局，
　　　　1966年，第262頁。
〔註43〕《禮記正義》卷五二：中庸，鄭玄注，孔穎達疏，《十三經注疏》，北京大學
　　　　出版社，2000年，第1683頁。
〔註44〕劉耕華：《詮釋的圓環：明末清初傳教士對儒家經典的解釋及其本土回應》，
　　　　北京大學出版社，2005年，第159頁。
〔註45〕《孟子注疏》卷七：離婁上，趙岐注，孫奭疏，《十三經注疏》，北京大學出
　　　　版社，2000年，第182頁。

在古代人數少的情況下，增加生育成爲孝道的重要組成部份，而在人口數量
日益成爲社會發展的負擔時，對生育的強調自然不應繼續包含在孝之內。其
次，採用貶低孟子的策略，認爲「此非聖人之傳語，乃孟氏也，或承誤傳，
或以釋舜不告而娶之義，而他有託焉」，但利瑪竇對孟子所託之意並沒有做出
進一步的解釋。反而轉移視線對《禮記》作爲經典的權威性提出質疑，認爲
這本書是後人杜撰的，是不可信的。但利瑪竇卻對《禮記》中的《中庸》和
《大學》兩篇做出了肯定，認爲和同爲後人編撰的《論語》一起，是考察孔
子談論孝道的經典，並借「殷之三仁」的伯夷、叔齊和比干，說明賢者的德
行與有無後嗣是不相干的，若照孟子的說法則三仁淪爲不孝之名。進而利瑪
竇認爲，若僅僅以無後作爲不孝的標準，則不僅不合乎情理，更使人專務於
生子，不免爲情慾所累，尤爲重要的是像舜這樣的聖人也易被誣以不孝之名。
故利瑪竇徹底否定了以有無後嗣作爲孝敬與否的標準，認爲孝「在內不在
外」，有無後嗣在於天主的命定。並以孟子的「求則得之，舍則失之，是求有
益於得也，求在我也；求之有道，得之有命，是求無益於得也，求在外也」
反駁孟子的「不孝有三，無後爲大」。可見，利瑪竇在論證孝嗣問題上，對先
儒採取了較爲功利的態度，甚至在邏輯上難以圓滿，對中國人將後嗣與孝道
相聯繫持否定態度。

　　利瑪竇在天主教倫理的立場對孝道做了新的規定。利瑪竇提出了自己的
「不孝有三說」，即：「大西聖人言不孝之極有三也：陷親於罪惡，其上；弒
親之身，其次；脫親財物，又其次也。天下萬國通以三者爲不孝之極。至中
國而後，聞無嗣不孝之罪，於三者猶加重焉。」林中澤先生在將利瑪竇和孟
子對不孝的說法進行對比後，認爲，儘管表面上兩者有相似之處，但難以掩
蓋其根本的差異，「由于堅持信仰至上和教權高於一切世俗權力，被列爲三不
孝之首的『陷親於罪惡』一條，便可以合理地理解爲『使父母放棄正統信仰』
或『使父母脫離教會正軌』，而不是儒學意義上的無原則遷就討好所造成的後
果，因爲在教會列出的諸種犯罪中，以背教、墮入異端和反教會爲最」。而利
瑪竇將「脫親財物」作爲不孝之一，這在一般士人看來未免「小題大做」。〔註
46〕但利瑪竇對此種言說的西方語境是有意迴避的，以使得中國士人僅從字面
意思來看，西方的「不孝有三」是符合儒學對道德行爲規範的。

〔註46〕林中澤：《晚明中西性倫理的相遇》，廣州：廣東教育出版社，2003 年，第 198
　　　～199 頁。

　　在對「不孝有三」做出新的規定之後，利瑪竇對孝做了明確的解釋。利瑪竇認為，若要知道什麼是真正的孝，首先要知道何為「父子之說」。而在利瑪竇眼中的父子之說，也即是在儒家的父、君之上又增添了天主的位置，此即為「三父說」：

　　　　凡人在宇內有三父，一謂天主，二謂國君，三謂家君也。逆三父之旨者，為不孝子矣。天下有道，三父之旨無相悖。蓋下父者，命己子奉事上父者也，而為子者順乎一，即兼孝三焉。天下無道，三父之令相反，則下父不順其上父，而私子以奉己，弗顧其上，其為之子者，聽其上命，雖犯其下者，不害其為孝也，若從下者逆其上者，固大為不孝者也。國主於我相為君臣，家君於我相為父子，若使比乎天主之公父乎，世人雖君臣父子，平為兄弟耳焉。此倫不可不明矣。〔註47〕

在利瑪竇看來，一個人格健全的人，應該在對天主、君主和父親的孝之間達到良性的平衡，並且三者是有明確次序的，若違背了這種次序，則會導致一系列的悖逆現象。林中澤先生認為，利瑪竇在對天主教的信德過份灌輸之後，將儒家的孝偷偷拋棄了，這種改換具有明顯的功利性，故破綻百出。〔註48〕但筆者認為，利瑪竇在中國傳統的君、父之上，通過對天主的孝對儒家的孝道做了揚棄，使中國建立在血親關係之上的人倫等級秩序，更加有了通往平等之路的可能，儘管這不是利瑪竇來華的本意，但在晚明社會思潮中，這種思想對中國社會的示範性作用，也是別具一格的。

　　而持華夷之防的保守士人對此是相當敏感的，認為對儒家而言，孝為百行之本，即使外來的佛教，進入中國後，也是對儒家的孝親觀念不敢違背，認為「本孝之心，與儒無異」。而，保守士人認為，利瑪竇對孝道持貶低態度，「所謂《七克》、《實義》、《畸人》、《十二信》、《西學凡》，若經、若戒及《交友論》、《幾何源本》等數十萬言中，曾不錯寫一孝字。而乃襲三教諸子中皮毛，曰克傲、克驕，以文其陋。夫不愛吾親而愛他人，不敬吾親而敬他人者，未之前聞矣」。這顯然是對天主教文獻的曲解。即使對利瑪竇等人的書籍有所

〔註47〕利瑪竇：《天主實義》，朱維錚主編：《利瑪竇中文著譯集》，上海：復旦大學出版社，2007年，第91頁。

〔註48〕林中澤：《晚明中西性倫理的相遇》，廣州：廣東教育出版社，2003年，第200頁。

涉獵的士人，也是站在儒家忠孝立場，認為利瑪竇對孝的論說是極其荒謬的。概言之，有五謬：其一，認為利瑪竇所言「近愛所親，禽獸亦能之」，將忠臣孝子與禽獸庸人相混淆；其二，利瑪竇對仁者乃愛天主的詮釋與孔子的親親為大旨意相違背；其三，針對利瑪竇將天主的孝置於父母之上，認為這是「外孝而別求仁」，不符合人的真性；其四，針對利瑪竇的「三父說」，將天主置於君主之上，並且不能悖逆順序的說法，認為這是以下犯上，埋親抗君的不仁行為；其五，針對利瑪竇的「國君於我相為君臣，家君於我相為父子」的說法，表示強烈的不滿，認為這是有亂忠孝人倫的行為。〔註49〕可見，對於陳候光而言，利瑪竇的以耶代儒的意圖值得警惕的，這從根本上抓住了儒耶在倫理道德問題上的分歧，而在今天的中西文化交流中，這也是值得重視的論域。

　　但是利瑪竇對孟子的「無後為不孝」又不得不重視，畢竟這是當時社會的日常道德規範，深深影響著人們的生活，按孟子的說法，真正無後的恐怕只有獨身的神父們，這就使利瑪竇既要回應這種社會不利輿論，又要盡力避免正面衝突，給雙方留下可供選擇的餘地。故，利瑪竇一方面對無後的真義做了解釋，另一方面批評明代的納妾之風。

　　在對無後的解釋上，利瑪竇對出於卑劣的目的而不婚不娶的人，表示不足為論，這包括「不娶而積財貨，或為糊口，或為偷安懈惰」。相較之下，傳教士的行為是符合天主的義，並且這是有天主教的獨身制度作為保障的。對傳教士而言，由於獨身能夠換得來世的永恆作為報償，因此並不是真的無後。利瑪竇認為，中國士人附和孟子之說，是由於不明了來世的意義，也就更不能明白通過天主的救贖計劃，人的靈魂是可以在天國中得到永生的，而這是比任何世俗的後嗣更加有意義。在此種意義上而言，傳教士才是「有後」的人。

　　對明代的納妾延續香火之義，利瑪竇給予了明確的批評。在寄給耶穌會總會長阿奎維瓦的信中，利瑪竇寫道：「除此一般阻礙外（佛教），最大的阻礙是中國實行多妻制；今年曾有兩三位有地位的人，本來通了道理，對我們的信仰也非常欽佩，就因為蓄妾而不能受洗，我們對這些人十分同情，因為在中國出妻離妾是不可以的，打發她們另嫁別人是羞恥的。因此他們誠心誠

〔註49〕陳候光：《辨學芻言》，徐昌治：《破邪集》，香港：宜道出版社，1996年，第246頁。

意地要求我們容許他們多妻。」〔註50〕可見，利瑪竇來華初期，就已經意識到妻妾制度是士人階層難以入教的最大障礙。但利瑪竇基於對十誡的遵守，對士人入教規範較為嚴格，即必須出妾，遵行天主教一夫一妻制度。即使被成為明末天主教三柱石的徐光啓、楊廷筠和李之藻，也是經過了艱難抉擇。以楊廷筠為例，楊廷筠在入教之初，有意領洗，但是因為有妾而遭到拒絕，遂私下對李之藻說道：「泰西先生乃奇甚，僕以御史而事先生，夫豈不可，而獨不能容吾妾。若僧家者流，必不如是！」而李之藻相與規勸說：「於此知泰西先生正非僧徒比也。聖教戒規，天主頒之，古聖奉之；奉之德也，悖之刑也，德刑昭矣。」〔註51〕最後，楊廷筠覺悟，「諭妾異處，躬行教戒」，神父方同意為其洗禮。入教後的楊廷筠，極力稱讚天主教的一夫一妻制度，認為：「天主初闢天地，止生一男一女，俾成夫婦。今亦不容偏多偏寡，以亂人倫正道耳。夫何柔順女人，守正猶知從一而終。剛強堂堂男子，反不若彼。一娶不已，有妾有媵。甚者宿妓狎童，公然無愧。淫亂極矣！夫淫於女，同於禽獸；淫於男，劣於禽獸。天教禁之，其理甚正。」〔註52〕若違反了一夫一妻之教規，則即為邪淫，只有悉心懺悔後，方可「行遵教禮」。而楊廷筠對不娶妾的讚揚，是針對當時社會的淫亂之風的，並認為若能嚴行天主教的規定，則「百倍易齊民」。

對納妾與孝親理解最深刻的是朱宗元，他努力在兩者之間進行調和，並為天主教一夫一妻制在中國社會的合理性進行辯護。朱宗元首先站在天主教倫理的角度認為娶妾延後有悖於天主教的十誡，是不合天道的行為：

> 或以為無後不孝奈何。不知得子與否，不在有妾無妾。縱使必因妾得，亦所謂得之不以其道也。得子猶得位也，君子未嘗不欲仕也，又惡不由其道。況聖賢者，法天者也，法天者之訓不可違，況天主自立之訓哉。〔註53〕

但基於對傳教士合儒的目的，朱宗元對先賢的娶妾行為進行辯護，認為這並

〔註50〕利瑪竇：《利瑪竇書信集》，羅漁譯，臺北：光啓出版社，1986年，第125～126頁。

〔註51〕丁志麟：《楊淇園超性事蹟》，上海：土山灣印書館，1935年。

〔註52〕楊廷筠：《天釋明辨》，吳相湘主編：《天主教東傳文獻續編》，臺北：學生書局，1996年，第402頁。

〔註53〕朱宗元：《拯世略說》，張西平主編：《梵蒂岡圖書館藏明清中西文化交流史文獻叢刊》（第1輯第14冊），鄭州：大象出版社，2014年，第281頁。

不違反天主教倫理。聖賢之所以爲聖賢，並不是以娶妾爲標準，而是著眼於德行，認爲「聖賢德行純備，決不因妾以恣淫。且善齊其室家，不使庶嫡相爭，倫理乖亂」〔註54〕。更何況當時耶穌並沒有降世，「未有明訓，既有明訓，則斷斷不可犯矣」〔註55〕。與利瑪竇的說法一樣，朱宗元將古今世道異同進行對比，認爲「而古時人少德隆，天主亦不甚禁，故古教中，亦偶有二色者。今時人眾，德衰，務生子而不務貞德」〔註56〕。

　　而對於孟子的「無後」與「娶妾」又不得不做出正面回應，以調和兩者之間的差異。朱宗元對此從邏輯關係、女性立場、法律規定以及神學角度做出論證，承認天主教一夫一妻制度的好處，反對中國社會的納妾之風，但其內在仍然是堅持儒家孝文化的核心價值的。但對其積極意義我們是不能否認的，朱宗元對天主教價值觀的肯定，說明在一定程度上，已經開始接受西方的倫理觀念，並以之作爲評判中國孝嗣問題的標準，並身體力行。

　　以上可見，利瑪竇在孝親問題上，已經感覺到孟子的「無後爲大」的局限性，並力求從天主教立場做出新的詮釋，得到了部份開明士人的積極回應。由於中西方倫理的重大差異，西方的孝嗣觀念試圖融入中國孝道的等級秩序中，但難以被有著華夏中心主義情節的士人所接受，只能在社會巨變的明後期社會，產生了部份漣漪。而當滿清重建社會秩序，家族倫理重新得以強調，雙方的衝突也就不可避免了，這在祭祖問題上尤爲明顯。

第四節　生死觀

　　任何一種文化都難以迴避對死亡的思考，可以說，對死亡的不同態度，反映出不同文化的各個面向與差異。基本而言，中國文化是重生生的，講究「未知生焉知死」，而西方文化則是向死而生的。當以利瑪竇等傳教士抵達中國傳教，就明顯感覺到這種差異，由此引發了東西方生死觀念的衝突，主要表現在對靈魂、死亡以及來世的思考等方面。

〔註54〕朱宗元：《答客問》，張西平主編：《梵蒂岡圖書館藏明清中西文化交流史文獻叢刊》（第1輯第25冊），鄭州：大象出版社，2014年，第640頁。

〔註55〕朱宗元：《拯世略説》，張西平主編：《梵蒂岡圖書館藏明清中西文化交流史文獻叢刊》（第1輯第14冊），鄭州：大象出版社，2014年，第281頁。

〔註56〕朱宗元：《答客問》，張西平主編：《梵蒂岡圖書館藏明清中西文化交流史文獻叢刊》（第1輯第25冊），鄭州：大象出版社，2014年，第640頁。

一、靈魂論

靈魂問題在天主教神學體系中佔據重要的位置，基於西方二元思維方式，自畢達哥拉斯提出靈魂不朽之後，經柏拉圖、亞里斯多德等闡述已經得到很大的發展，並爲之後的天主教所吸收，成爲神學的一部份。在柏拉圖看來，只有理念世界才是眞實的，肉體與靈魂是兩分的，靈魂是不朽的，並且靈魂堅持求善的原則，人應該在現實中努力尋求善的本性，避免由於與肉體的結合而導致靈魂墮落。亞里斯多德認爲人是有理性的動物，並對作爲人類本質的靈魂進行了等級劃分。保羅借希臘哲學闡釋天主教教義，在肉體死亡的意義上談論靈魂的永生。之後奧古斯丁認爲人的肉體和靈魂是具有獨立性的，人出生即結合，人死亡則兩者分離，肉體消亡，而靈魂不滅接受審判。以阿奎那爲主導的經院哲學時期，將靈魂與肉體的對立模式基本確立下來，並認爲「死亡」是靈魂得到拯救，也是人實現自身價值的必要前提。利瑪竇等傳教士也基本因循這一思路解釋靈魂的不朽。

但是在天主教的靈魂觀中，靈魂是人的本質形式，在漢語中難以找到與之相對應的詞彙，故利瑪竇對中國漢語詞彙中的「魂」、「魄」做了新的詮釋，以使得天主教的教義在依附漢語的基礎上得以理解和接受。在漢語中，魂與魄往往相互聯繫使用，魂魄雖有心之精雙之義，但在死後便會逐漸消散。即使在朱熹學說中，魂具有了精神的含義，但仍然不是西方意義上的理念實體，在人生前，魂與魄是相互依存的，但死後魂魄則是要離散的，「人生時魂魄相交，死則離而各散去，魂爲陽而散上，魄爲陰而降下」〔註57〕。

而在利瑪竇看來，這種解釋是不利於天主教教義的，而對此作了新的詮釋。利瑪竇認爲：「人有魂、魄，兩者全而生焉；死則其魄化散歸土，而魂常在不滅。」這就將魂與魄改造成爲西方意義上的相互對立的範疇。並對中國傳統的靈魂觀做出批判：「吾入中國嘗聞有以魂爲可滅，而等之禽獸者；其餘天下名教名邦，皆省人魂不滅，而大殊於禽獸者也。」利瑪竇將人魂不滅作爲有異於其它生物的標誌。爲了使中國士人更容易理解人魂不滅，利瑪竇進而對自然界的魂作了分解，即生魂、覺魂、靈魂：

> 彼世界之魂，有三品：下品名曰生魂，即草木之魂是也。此魂扶草木以生長，草木枯萎，魂亦消滅。中品名曰覺魂，則禽獸之魂

〔註57〕黎靖德：《朱子語類》卷八十七，北京：中華書局，1994年，第2259頁。

也，此能附禽獸長育，而又使之以耳目視聽，以口鼻啖嗅，以肢體
覺物情，但不能推論道理，至死而魂亦滅焉。上品名曰靈魂，即人
魂也。此兼生魂，覺魂，能扶人長養及使人知覺物情，而又使之能
推論事物，明辨理義。人身雖死，而魂非死，蓋永存不滅者焉。
〔註58〕

在利瑪竇看來，生物按魂的差別分為草木之魂、禽獸之魂與人魂，分別對應
不同的品級，即生魂、覺魂和靈魂。其中，只有人的靈魂是能脫離人身，而
永存不滅：

凡知覺之事，倚賴於身形，身形死散，則覺魂無所用之。故草
木禽獸之魂依身以為本情，身歿而情魂隨之以殞。若推論明辨之事，
則不必倚據於身形而其靈自在；身雖歿，形雖渙，其靈魂仍復能用
之也。〔註59〕

利瑪竇對三魂的辨析，是出於對人的靈魂不滅而言。但利瑪竇將人魂兼有
生魂和覺魂，其意旨是出於存在的考慮，還是對三者功能的考量？從利瑪竇
提出三魂說的初衷，我們可以找到答案：

明道之士皆論魂有三品：下品曰生魂，此只扶所賦者生活長大，
是為草木之魂。中品曰覺魂，此能扶所賦者生活長大，而又使之以
耳目視聽，以口鼻啖嗅，以肢體覺物情，是為禽獸之魂。上品曰靈
魂，此兼生魂、覺魂，能扶植長大及覺物情；而又俾所賦者能推論
事物，明辨理義，是為人類之魂。

若令禽獸之魂與人魂一，則是魂特有二品，不亦紊天下之通論
乎？凡物非徒以貌像定本性，乃惟以魂定之。始有本魂，然後為本
性；有此本性，然後定於此類；既定此類，然後生此貌。故性異同，
由魂異同焉；類異同，由性異同焉；貌異同，由類異同焉。鳥獸之
貌既異乎人，則類、性、魂豈不皆異乎？人之格物窮理無他路焉，
以其表而徵其內，觀其現而達其隱。故吾欲知草木之何魂，視其徒
長大而無知覺，則驗其內特有生魂矣。欲知鳥獸之何魂，視其徒知

〔註58〕利瑪竇：《天主實義》，朱維錚主編：《利瑪竇中文著譯集》，上海：復旦大學
　　　出版社，2007年，第26頁。

〔註59〕利瑪竇：《天主實義》，朱維錚主編：《利瑪竇中文著譯集》，上海：復旦大學
　　　出版社，2007年，第26頁。

> 覺而不克論理,則驗其特有覺魂矣。欲知人類之何魂,視其獨能論
> 萬物之理,明其獨有靈魂矣。理如是明也,而佛氏云禽獸魂與人魂
> 同靈,傷理甚矣。吾常聞殉佛有謬,未嘗聞從理有誤也。〔註60〕

這就說明,由於生魂、覺魂和靈魂的功能、性質不同,也就決定了萬物的差異性,若僅從存在論的角度將三者混為一談,則從根本上違背了事物的差別,也混淆了人的本質。而利瑪竇將三者做出區分,也就彰顯出人魂的精神超越性。

　　利瑪竇認為靈魂是獨立存在的,不依賴於人的身體,這是與覺魂有著本質差別的。禽獸之覺魂依賴身體方可成長,「視之以目司焉,聽之以耳司焉,嗅之以鼻司焉,啖之以口司焉,知覺物情之以四肢知覺焉」。而對於靈魂而言,則出於理智判斷的原則,若包含本體的本性,則會有礙於認識事物的所有形體:

> 若夫靈魂之本用,則不恃乎身焉,蓋恃身則為身所役,不能擇
> 其是非。如禽獸見可食之物即欲食,不能自己,豈復明其是非?人
> 當飢餓之時,若義不可食,立志不食,雖有美味列前,不屑食矣。
> 又如人身雖出遊在外,而此心一點猶念家中,常有歸思,則此明理
> 之魂賴身為用者哉?

不僅如此,在利瑪竇看來,靈魂也是沒有質料的,若靈魂具有火、氣、水土四元素的構成,則按照事物的物理法則,靈魂必不能長久。出於此,利瑪竇將質料排除在靈魂的構成中:

> 子欲知人魂不滅之緣,須悟世界之物,凡見殘滅,必有殘滅之
> 者。殘滅之因,從相悖起。物無相悖,決無相滅。日月星辰麗於天,
> 何所繫屬,而卒無殘滅者,因無相悖故也。凡天下之物,莫不以火、
> 氣、水、土四行相結以成。然火性熱干,則背於水,水性冷濕也;
> 氣性濕熱,則背於土,土性乾冷也。兩者相對相敵,自必相賊,即
> 同在相結一物之內,其物豈得長久和平?其間未免時相伐兢,但有
> 一者偏勝,其物必致壞亡。故此有四行之物,無有不泯滅者。

在此,利瑪竇否定了靈魂與四元素的相關性,但由於認識到中國士人對西方的靈魂中所包含的「精神質料」難以理解,利瑪竇對此做了進一步的解釋,

---

〔註60〕利瑪竇:《天主實義》,朱維錚主編:《利瑪竇中文著譯集》,上海:復旦大學出版社,2007年,第50頁。

認爲「靈魂,則神也」。利瑪竇借用傳統的形神觀念來解釋天主教靈魂的精神質料。但在中國哲學概念中,神並不具有獨立存在性,而是依附於形而存在,兩者不相分離。宋儒周敦頤認爲有形才有神,「唯人也得其秀而最靈。形既生矣,神發知矣」〔註61〕。朱熹從理出發,認爲神是依賴於理而存在的,並反對佛教的神不滅論。明儒王廷相更是站在氣一元論基礎上,認爲神不具有獨立性:「神者,形氣之妙用,……夫神必籍形氣而有者,無形氣則神滅矣。縱有之,亦乘夫未散之氣而顯者,如火光之必附於物而後見,無物則火尚何在乎?」〔註62〕故利瑪竇需要對神的超越性做出進一步的解釋,達到論證靈魂不滅的目的。

利瑪竇主要從六個方面對人魂爲神進行闡述,並認爲這是禽獸是不具備的。其一,禽獸之魂只能爲肉身所役使而墮落,只有人魂能使肉身聽命,「獨人之魂能爲身主,而隨吾志之所縱止,故志有專向,力即從焉。雖有私欲,豈能違公理所令乎?則靈魂信專一身之權,屬於神者也,與有形者異也」。其二,利瑪竇對形神不離做了批判,認爲人兼有獸心和人心,與之對應的也有形性和神性。而「情之相背,亦由所發之性相背」,若從形性,則與禽獸無差別,若從神性,則是人心。並認爲「人於一心一時一事,不得兩情相背並立」。其三,利瑪竇認爲「物類之所好惡,恒與其性相稱焉」,也即從物類不同的性情來判斷好惡態度,「著形之性,惟著形之事爲好惡,而超性之形,以無形之事爲好惡」。與禽獸不同的是,「人之所喜惡,雖亦有形之事,然德善,罪惡之事爲甚,皆無形者也」,故人具有神性。其四,利瑪竇認爲人魂可超越對象的形性而構成關於對象的抽象意識,說明人魂的神性具有超越性。「能神所受者,自非神也,未之有也」。其五,對人的形性與神性不同的功能做出分辨。目司視、耳司聽、鼻口司臭司嗜,這些都是有形的。而人魂有司欲、司悟功能,分別管理人的善與眞,兩者是無形的,具有神性。故人魂能對眞善做出清晰的分辨,「神之性能達形之性,而有形者固未能通無形之性也」。其六,利瑪竇認爲禽獸之有形是有局限的,「禽獸雖得知覺有形之外,情不能通,又弗能反諸己而知其本性之態」。而相比之下,無形之心,則能「直通乎無礙之境」。故在利瑪竇看來,「人之靈非惟知其物外形情,且暢曉其隱體,而又能

〔註61〕周敦頤:《太極圖說》,叢書集成初編本。

〔註62〕王廷相:《答何柏齋造化論》,《王廷相集》,北京:中華書局,1989年,第972頁。

反觀諸己，明己本性之態焉，此其非屬有形，益可審矣」。由以上六點，利瑪竇對人魂爲神的本質和功能作了詳細闡述，並對中國傳統的形神關係作了相異的解讀，從而爲利瑪竇提出靈魂不滅奠定基礎。〔註63〕

利瑪竇對靈魂不滅主要在五個方面進行論證。其一，利瑪竇從人的世情角度認爲人都是想死後能博得善名，故「靈魂常在不滅，所遺聲名善惡，實與我生無異」。其二，從人與禽獸的對比上，利瑪竇認爲「上帝降生萬品，有物有則，無徒物，無空則。且歷舉名品之情，皆求遂其性所願欲，而不外求其勢之所難獲」。鳥獸之欲只在今世，非在常生，而人都是希望得到長生的，「願居樂地，享無疆之福」。其三，利瑪竇認爲天下萬物，惟有人心最爲廣大，而天主生人，「欲使人類生乎千萬世，則所賦之願不徒在一世須臾之欲，於是不圖止求一飽，而求之必莫得者焉」。商人、官員、君主概莫能外，只有皈依天主，方可使人心得到最大的滿足。其四，利瑪竇借助覺魂與靈魂的差別，認爲人性是懼怕死亡的，因爲只有人死後靈魂不散，方「留以驚我」。其五，基於現實貧富善惡不均的局面，「天主固待其既死，然後取其善魂而賞之，取其惡魂而罰之。若魂因身終而滅，天主安得而賞罰之哉」。〔註64〕

利瑪竇對靈魂不滅的五條證明，陳登認爲利瑪竇主要借鑒了柏拉圖在《裴多篇》和《國家篇》對靈魂不朽的論證，即「對立物只能來自對立物，靈魂無對立物故永恆；感覺無法獲得普遍性的必然知識，這種知識只來自永恆的靈魂；靈魂非復合的，它不會因人亡而滅，這正是靈魂的神性所在；靈魂不是肉體，故肉體亡而靈魂在；因靈魂不朽才能從倫理上說清人的因果報應」。〔註65〕但與柏拉圖不同的是，利瑪竇更多地訴諸於經驗的事實論證，以讓自己的論述方式更加符合中國士人的認知，更容易爲中國人所接受。如在第一條論證上，採用了中國祭祖的例子來說明人對死後靈魂不朽的願望，「彼孝子慈孫，中國之古禮，四季修其祖廟，設其裳衣，薦其時食，以說考妣。使其形、神盡亡，不能聽吾告哀，視吾稽顙，知吾『事死如事生，事亡如事存』之心，則固非自國君至於庶人大禮，乃童子空戲耳」。由此正反兩方面，利瑪竇通過祭祖習俗的「事亡如事存之心」論證靈魂不朽的合理性。而這也反駁

〔註63〕利瑪竇：《天主實義》，朱維錚主編：《利瑪竇中文著譯集》，上海：復旦大學出版社，2007年，第27～29頁。

〔註64〕利瑪竇：《天主實義》，朱維錚主編：《利瑪竇中文著譯集》，上海：復旦大學出版社，2007年，第30～31頁。

〔註65〕陳登：《利瑪竇倫理思想研究》，湖南師範大學2002年博士論文，第89頁。

了持歐洲中心主義立場的傳教士將祭祖視作偶像崇拜行為，反而在利瑪竇看來，這與天主教倫理相契合。

但利瑪竇對儒家思想概念的選取是有選擇的，在借用魂、神等來說明靈魂不滅時，也將傳統概念中對天主教倫理不利的詞彙予以否認，如鬼神。對中國人而言，魂魄脫離肉身之後，可以單獨存在的即為「鬼」，而「鬼神」是常常連用的概念。據劉耕華先生考證，在先秦，人們相信鬼神是可以單獨存在，鬼神有知有能，鬼神中有所依歸的為鬼、反之為屬。〔註66〕但儘管如此，鬼神並不具有精神超越性，而是出於維繫宗法家族社會的考慮，鬼神以各個家族為歸宿，死後仍可保祐自己的家族興旺。可見，鬼神觀是出於現世的考量。利瑪竇為了避免中國士人將這種可以獨立存在的鬼神與具有精神超越性的靈魂相混淆，而對此予以批判。

中國人對鬼神存在的態度是不確定的，正如利瑪竇借中士之口所總結的：「今之論鬼神者，各自有見。或謂天地間無鬼神之殊；或謂信之則有不信則無；或謂如說有則非，如說無則亦非，如說有無，則得之矣。」對此，利瑪竇認為證明鬼神的有無要以經典記載為依據，所以利瑪竇對儒家經典《詩經》、《尚書》等典籍中的記載認為鬼神是存在的，而經典之外的，「所謂二氣良能、造化之跡、氣之屈伸，非諸經所指之鬼神也」。在此基礎上，利瑪竇認為不可懷疑鬼神的有無，更不能以有無來說明鬼神，而只能介於有無之間：

> 吾心信否，能有無物者否？講夢則或可，若論天地之大尊，奚用此恍惚之亂耶？譬如西域獅子，知者信其有，愚人或不信，然而獅子本有，彼不信者，能滅獅子之類哉？又況鬼神者哉？凡事物，有即有，無即無。蓋小人疑鬼神有無，因就學士而問以釋疑，如答之以有無，豈非愈增其疑乎？〔註67〕

那麼推論鬼神是否存在只能採取經院哲學的方法，訴諸於人的理性，反之僅僅出於經驗判斷則難以為據：「人欲明事物之奧理，無他道焉，因外顯以推內隱，以其然驗其所以然。」〔註68〕利瑪竇對人魂與鬼魂做了明確的區分，即

〔註66〕劉耕華：《詮釋的圓環：明末清初傳教士對儒家經典的解釋及其本土回應》，北京大學出版社，2005年，第209頁。

〔註67〕利瑪竇：《天主實義》，朱維錚主編：《利瑪竇中文著譯集》，上海：復旦大學出版社，2007年，第34頁。

〔註68〕利瑪竇：《天主實義》，朱維錚主編：《利瑪竇中文著譯集》，上海：復旦大學出版社，2007年，第35頁。

　　　　鬼神在物與魂神在人大異焉。魂神在人爲其內本分，與人形爲
　　　一體，故人以是能論理而列於靈才之類；彼鬼神在物，如長年在船
　　　非船之本分者，與船分爲二物而各列於各類，故物雖有鬼神而弗登
　　　靈才之品也。但有物自或無靈，或無知覺，則天主命鬼神引導之，
　　　以適其所，茲所謂體物耳矣，與聖君以神治體國家同焉。不然，是
　　　天下無一物非靈也。〔註69〕

故在利瑪竇看來，人們對鬼神的正確態度在於它的功能，並對孔子的「敬鬼
神而遠之」做了新的解讀，使之更符合天主教教義的規定：

　　　　夫鬼神非物之分，乃無形別物之類。其本職惟以天主之命司造
　　　化之事，無柄世之專權。故仲尼曰：「敬鬼神而遠之。」彼福祿、免
　　　罪非鬼神所能，由天主耳。而時人諂瀆，欲自此得之，則非其得之
　　　之道也。夫「遠之」意與「獲罪乎天，無所禱」同，豈可以「遠之」
　　　解「無之」而陷仲尼於無鬼神之惑哉？〔註70〕

與鬼神相反，靈魂更彰顯其精神超越性，天主出於賞善罰惡的目的，使得靈
魂得以顯現。

　　　　天主製作萬物，分定各有所在，不然則亂。如死者之魂仍可在
　　　家，豈謂之死乎？且觀星宿居於天上，不得降於地下而雜乎草木，
　　　草木生於地下，亦不得陞於天上而雜乎星宿。萬物各安其所不得移
　　　動，譬水底魚饑將死，雖有香餌在岸，亦不得往而食之。人之魂雖
　　　念妻子，豈得回在家中？凡有回世界者，必天主使之，或以勸善，
　　　或以懲惡，以驗人死之後其魂猶存，與其禽獸魂之散而不回者異也。
　　　魂本無形，或有著顯於人，必託一虛像而發見焉，此亦不難之事。
　　　天主欲人盡知死後魂存，而分明曉示若此，而猶有周誣無忌、亂教
　　　惑民，以己所不知，妄云人死魂散，無復形跡，非但悖妄易辯，且
　　　其人身後之魂必受妄言之殃矣。可不愼乎？〔註71〕

〔註69〕利瑪竇：《天主實義》，朱維錚主編：《利瑪竇中文著譯集》，上海：復旦大學
　　　　出版社，2007年，第36頁。
〔註70〕利瑪竇：《天主實義》，朱維錚主編：《利瑪竇中文著譯集》，上海：復旦大學
　　　　出版社，2007年，第38頁。
〔註71〕利瑪竇：《天主實義》，朱維錚主編：《利瑪竇中文著譯集》，上海：復旦大學
　　　　出版社，2007年，第35頁。

對於靈魂不滅在天主賞善罰惡的必須性，受儒家倫理影響，中國部份士人對此深表贊同，朱宗元認爲：

> 孔子曰：「朝聞道，夕死可矣。」使死而魂即消亡，則聖、賢、庸、愚，同歸一盡，亦何見其可也。且盜跖之壽、孔、顏之厄，所在都有。則奸雄愈可縱恣，忠良罔所控訴。君子憂、勤、惕、勵，徒自苦厥生；而小人狎、侮、放、逸，誠爲得計。豈造物主至公、至平之義？是故不靈之物，無自遂之權。如天恒運、地恒靜、水恒潤、火恒燥、馬恒走、犬恒吠，皆率其性之自然，而一定不易。故無功罪、無賞罰可加。人則付以自主之明，善惡邪正，任其擇決，其受命而生也。如人臣奉令而任職也，及其死而歸也。如三載考績也，於是乃從而黜陟之。其無負賦畀之初旨，則蒙上賞。猶人臣承令無怠，錫之蕃庶；不然反是。彼上帝無所不知能，豈不克俾世上盡正者顯榮、邪者逆棄。顧或不悉然者，正以示身後別有眞賞、眞罰，一時之壽、夭、窮、通，不盡足爲定據耳。〔註72〕

由此可見，利瑪竇對中國傳統的靈魂觀念做了根本的改造，以此來區別人魂與覺魂。在利瑪竇看來，人魂爲神，即神性的精神超越性是人的本質體現，但在天主教義中，靈魂仍處於被天主賦予的地位，靈魂不滅是出於天主賞善罰惡而被提出的。

二、生死論

生死問題在東西方哲學中佔有重要的地位。在中國，儒家思想作爲正統學說，對社會大眾的生死觀念產生了重要影響。儒家對死亡本身不甚重視，而是講求從生的角度看待生命，追求一種在現世的嚴肅生活態度，並終身行之。而對死亡的超越也是著眼於現實生活，一方面通過血緣的延續繼續保存生命，另一方面，追求生命的精神境界，即通過在現世積極修爲實現「立功、立言、立德」三不朽，實現生命的死而不亡。但在明代，隨著中央集權的加強，宦官專權，錦衣衛橫行，官宦的個人際遇與死亡相伴，難以有政治的安全保障。這就使得明代的士人不再依附於傳統的生死倫理，而是主動探求死亡的奧秘，這在明代後期，隨著社會動盪的加劇，尤顯迫切。

〔註72〕朱宗元：《答客問》，張西平主編：《梵蒂岡圖書館藏明清中西文化交流史文獻叢刊》（第1輯第25冊），鄭州：大象出版社，2014年，第581頁。

在《天主實義》開篇中士即表達了這種對死後之事的關心：

> 夫修己之學，世人崇業。凡不欲徒稟生命與禽匯等者，必於是
> 殫力焉。修己功成，始稱君子；他技雖隆，終不免小人類也。成德
> 乃眞福祿；無德之幸，誤謂之卓，實居其患耳。世之人，略有所至
> 而止；所以繕其路，非爲其路，乃爲其路所至而止也。吾所修己之
> 道，將奚所至歟？本世所及，雖已略明；死後之事，未知何如。聞
> 先生周流天下，傳授天主經旨，迪人爲善。願領大教。〔註73〕

正是由於這種對死亡之事關心的社會動向，爲利瑪竇宣傳天主教生死觀提供
了土壤，並積極對天主教的生死觀進行推介。在利瑪竇看來，人與動物的差
別即在於人對未來之事的好奇與關心：

> 凡人之所以異於禽獸，無大乎靈才也。靈才者，能辯是非，別
> 眞僞，而難欺之以理之所無。禽獸之愚，雖有知覺運動，差同於人，
> 而不能明達先後內外之理。緣此，其心但圖飲啄，與夫得時匹配，
> 孳生厥類云耳。人則超拔萬類，內稟神靈，外睹物理，察其末而知
> 其本，視其固然而知其所以然，故能不辭今世之苦勞，以專精修道，
> 圖身後萬世之安樂也。〔註74〕

正是由於人具有靈才，才不會滿足於現世的生活，有意於探究生死的本質，
達到永恆的福祉。故對死亡的探討引起中士對死後歸宿的困惑：「吾在今世則
所慮雖遠，止在本世耳；死後之事，似迂也。」〔註75〕顯然，受儒家思想影
響的士人認爲如何盡力延長現世的生命具有優先地位，即使是喪葬、墳墓、
祭祀等活動，也是針對人的現世考慮的。而利瑪竇對此持否定態度，認爲死
後之事才是人所應當關心的，並對孔子作《春秋》、子思著《中庸》的現實意
義予以否認，指出二者所慮「俱在萬世之後」。故利瑪竇對現實生活的永恆價
值提出懷疑，認爲人不過是暫寓於此世，利害最大的莫在於來世生活。

> 來世之利害甚眞大，非今世之可比也。吾今所見者，利害之影耳，故今
> 世之事，或凶或吉，俱不足言也。吾聞師之喻曰：「人生世間，如俳優在戲場；

〔註73〕利瑪竇：《天主實義》，朱維錚主編：《利瑪竇中文著譯集》，上海：復旦大學
　　　　出版社，2007年，第8頁。

〔註74〕利瑪竇：《天主實義》，朱維錚主編：《利瑪竇中文著譯集》，上海：復旦大學
　　　　出版社，2007年，第9頁。

〔註75〕利瑪竇：《天主實義》，朱維錚主編：《利瑪竇中文著譯集》，上海：復旦大學
　　　　出版社，2007年，第63頁。

所爲俗業，如搬演雜劇。諸帝王、宰官、士人、奴隸、后妃、婢媵，皆一時裝飾之耳。則其所衣衣，非其衣；所逢利害，不及其躬。搬演既畢，解去裝飾，漫然不復相關。故俳優不以分位高卑長短爲憂喜，惟扮所承腳色，雖丐子亦眞切爲之，以中主人之意耳已。蓋分位在他，充位在我。」吾曹在於茲世，雖百歲之久，較之後世萬祀之無窮，烏足以當冬之一日乎？所得財物，假貸爲用，非我爲之眞主，何徒以增而悅、以減而愁？不論君子小人，咸赤身空出，赤身空返，臨終而去雖遺金千笈，積在庫內不帶一毫，何必以是爲留意哉？今世僞事已終，即後世之眞情起矣；而後乃各取其所宜之貴賤也。若以今世利害爲眞，何異乎蠢民看戲，以裝帝王者爲眞貴人，以裝奴隸者爲眞下人乎？〔註76〕

由此利瑪竇將中國士人對待生命的重點轉向對來世的思考，而其著眼點正在於闡述對天主的啓示性眞理：「吾本家室不在今世，在後世；不在人，在天，當於彼創本業焉。今世也，禽獸之世也，故鳥獸各類之像俯向於地；人爲天民，則昂首向順於天。以今世爲本處所者，是欲與禽獸同群也。以天主爲薄於人，固無怪耳。天主所悲憫於人者，以人之心全在於地，以是爲鄉，惟泥於今世卑事，而不知悒望天原鄉及身後高上事，是以增置荼毒於此世界，欲拯拔之焉。」〔註77〕此中之「天」即爲天主，故在利瑪竇看來人生態度在於「向死而生」。

利瑪竇在與李戴的談話中具體談及了對待人的現實壽命的態度問題。李戴表達了傳統士人對待壽命的現實傾向，即在有限的生命過程中有多少壽命。而利瑪竇通過否定的形式表達了截然相反的態度，即「歲已逝，誠不可謂有與」，而所需要面對的是未來，「時之性，永流而不可留止焉。已往年不爲有，矧未之來與余」。故人對待現世生命的正常態度是認識到生命的有限性：

　　至人者，惟寸景是實而恒覺日如短焉；愚人無所用心，則覓戲玩以遣日。我日不暇給，猶將減事以就日也，暇嬉遊哉！實心務道者，視已如行旅，懷珍貝走曠野，俄日暮昏黑而不識路，又不知安宿處遠耶，近耶？是時可緩行乎？可不戒心勤慎乎？

〔註76〕利瑪竇：《天主實義》，朱維錚主編：《利瑪竇中文著譯集》，上海：復旦大學出版社，2007年，第64頁。

〔註77〕利瑪竇：《畸人十篇》，朱維錚主編：《利瑪竇中文著譯集》，上海：復旦大學出版社，2007年，第448頁。

夫日，本無不祥，無空亡。凡有日，不聊用寡汝過，不聊用長
汝德，即此日也，可謂日之不祥，日之空古耳。常人爲財有急用，
恒自惜財，君子爲日有正用，恒自惜日。嗚呼！世人孰有重視時，
孰不輕一日容易棄擲焉？而烏知一日之功，吾可致無盡善，可兗無
量愆鄙哉！蜘蛛之爲蟲也，終身巧織張細，罒羅蚊虻，而數爲風所
散壞也。人有終生務淺微事，而猶不得遂，何異此乎。

夫世事世物，吾不可卻，亦不可留。故賢者借心焉，不肖者贈
心焉。借者暫寄，贈即非吾有矣。籲世之人何大誤也。晨夕盂於俗
情，若論及道德檢心修行事便曰：至善也，至重也，第吾不暇耳。
處不至善、不至重則暇，迄爲至善且重者，即曰不暇，非倡狂哉？
人縱有甚急事，未嘗不日日卻冗再三食也？未聞曰，不暇矣，以養
身必卻冗於事隙，如此其勤焉，以養心不能乎？爲養心德，求汝卻
冗於事隙，亦足靦觍甚矣。〔註78〕

所以，只有認識到生命的有限性，才能珍惜時間，謹言慎行，以有利於自身
的道德修養。而利瑪竇旨在通過揭示時間有限性，說明在道德倫理層面中西
方是有著一致的地方，使得本具有超越意義的天主教教義具有倫理傾向，但
利瑪竇的論述是以承認來世生活的無限性爲前提的，並沒有改變天主教的眞
正意旨。

利瑪竇對死亡做了深刻的闡述，認爲死亡並不可怕，更不值得避諱，死
亡是一個人返回自己精神家園的方式：

夫造物者造人貴絕萬類，但其壽不及樹木與禽獸者何意乎？今
之人壽短乎，古造物者惜憐之耳。子不見世愈降，俗愈下乎？父之
世不如祖，生我世不如祖父，而我以後將轉之於益下者，孫也。人
增咎，天增罰，不善之殃矣。然則人之生世亦終身煩冤耳。徒得生
之名，而惡與善俱來與苦俱去也。百年之中，非是度生，是度苦海
也。則死豈非行盡苦海，將屆岸乎？苟歲月久長，豈非逆風阻我家
歸乎？嗚呼！世人以命之約者，省苦也，減咎也；則死非凶，凶之
終竟耳。似不爲刑罰，刑罰之赦耳。君子明知天主借我此世以僑寓，

〔註78〕利瑪竇：《畸人十篇》，朱維錚主編：《利瑪竇中文著譯集》，上海：復旦大學
出版社，2007 年，第 444～445 頁。

非以長居，則以天下爲寓，不以爲家，吾常生別有樂地爲我常家焉。
〔註79〕

這裡利瑪竇表述了天主教的歷史退化觀，認爲世愈降道愈衰，世人以天下爲僑寓，惟有死後才能回歸眞福地。故人生在世，當常念死侯，以謹嚴的心態預備神聖時刻的來臨，「夫死候也，諸嚴之至嚴者，生之末畫，人之終界，自可畏矣。但敝邑之志於學者，恒懼死至吾所吾不設備，故常思念其候，常講習討論之。先其未至豫爲處置，迨至而安受之矣。人有生死兩端以行世，如天有南北二極以旋繞於宇內，吾不可忘焉。生死之主不使人知命終之日，蓋欲其日日備也，有備則無損矣」〔註80〕。由此，死亡是一件可喜之事，對死侯的常念，是人走向幸福的起點，同時也是對自身道德行爲檢點的一種方式，「是死候一念能祐我、引我釋惡而執善，則世之祥」。

　　所以，利瑪竇認爲人應當以積極心態迎接死亡，培養一種向死而生的人生態度，「凡有生者常當念之，念之甚有利於道行矣」。與中國士人對死亡現象的避諱做法不同，利瑪竇對人的死前、死際和死後的艱難做了詳細的描述：

　　　　凡人將死，即先遘屬虐疾不可療已，則良友泣涕屬耳詰之曰：
　　有後事宜相付囑者，速言之矣。命幾以泯矣。吾從蓐間聞此語，則
　　栗栗戰懼不知身後何如也，惟默歎曰：此日月已矣，我永永不可再
　　睹之矣；吾所愛良田廣宅珍貝盈篋非我有，徒爲他人積矣；妻子兒
　　女不得復相聚矣，徒戀愛無益矣。嗚呼！我至此殯　也，蓋曩所甚
　　愛，此時睹之甚傷心也。存之以樂，失之以憂，則前多愛，今多死
　　矣，是故賢妻孝子女此時避不忍見也，見而增彼此之哀痛故也。爲
　　吾友者，或備棺槨，或製衰麻，爲親戚者，或斂像俱，或守財笈。
　　吾輾轉床第間，惟有幽憂塡膺耳。此則未死前也。

　　　　死非他，惟靈魂與身形分別耳。凡二物相吻合者，莫如靈與身
　　之親切也。合既密，分之愈難矣。兩友偕行於途，臨岐尚猶惜別，
　　況一生同體之交乎哉？即見遍身失潤色，而貌變，目深、鼻棱、口
　　暗、耳燥、足吟、脈亂、心動、四體流汗，哀哉，哀哉！夫人以母

<hr />

〔註79〕利瑪竇：《畸人十篇》，朱維錚主編：《利瑪竇中文著譯集》，上海：復旦大學出版社，2007年，第451頁。

〔註80〕利瑪竇：《畸人十篇》，朱維錚主編：《利瑪竇中文著譯集》，上海：復旦大學出版社，2007年，第449頁。

痛入世，以己痛出之。出入皆痛，惟死時痛在我身尤切矣。及至將
死，則仰而見天帝忿怒吾前行，俯而視一生之歲月都費之以造惡。
向前而觀，無窮之瞑幽；時下而視，地獄苦谷之門大開，以我畲吞；
左右旋而睹，鬼魔俟我神魂出身將之傷哉。此時欲進而不堪，欲退
而不容，欲悔而無及，即恨其生而死已。此則死際也。

　　及至死後，所患苦又甚焉。何者？死之後，我之所存魂與魄耳。
魄即爲屍，屍爲腐肉，腐肉爲蟲蛆，蟲蛆化歸於土，此則賢否無異
焉。請隨視惡人之靈魂矣，夫既出身外，忽見移幽陰異界，輒置之
天地主嚴臺前以審判，一生之所爲則盡出，藉記詳載，行事無遺於
是：所冒非義之財，所取非淨之樂，戢法欺君、酷虐暴民、順私意
傷剝孤弱者，皆來受其報也。於是淆亂神道，抗侮上帝，妄尊異端，
詐僞誣世，無所懼畏，既見天主威在上審罰，毋奈顚僵而無所逃也。
於是不肖人所掩諸醜情：陽廉陰貪，外飾正內釀邪，見過不圖改，
見義不肯若，諸隩隅暗事，心中所藏逆公之謀、非禮之欲、非法之
念，人目所不及，一一發露不可蔽焉。天地萬物並我自心皆從而許
我、證我，則我焉辭乎？在生多見天主慈惻、天主寬容。至此，始
見天主怒忿、天主嚴威也。則我何禱乎？誰獲解救之乎？於是方知
財賄已無，而惟有犯理得財之罪也；穢樂之味速過，而取穢樂之咎
常遺也；傲矜之氣已隨風而散，而惟留傲矜所招大刑永悠不脫於身
也。則第得恨已恨天地，懊惱而受無限殃痛哭，嗚呼不已矣。此難
之至難，在死之後也。〔註81〕

利瑪竇通過對死亡的具體描述，更進一步強調了現實生活不過是暫時的，惟
有死後才是眞福地。此外，對死亡的深刻理解有利於培養人生道德修養的正
確態度，有利於導引人的一心向善。

　　在與徐光啓的討論中，利瑪竇詳細敘述了常念死侯對人生的五大益處。
其一，「以斂心檢身而脫身後大凶也。蓋知終乃能善始，知死乃能善生也」。
這使得人認識到此生的有限性，以把每日作爲人生的終點來對待，才能時刻
檢討自己生活的善惡行爲，在有限的生命中努力彰顯道德價值，其效果要勝
過社會的道德教化。其二，「以治淫欲之害德行也」。這使得人能時常檢點自

〔註81〕利瑪竇：《畸人十篇》，朱維錚主編：《利瑪竇中文著譯集》，上海：復旦大學
　　　　出版社，2007年，第453～454頁。

己行為，避免自己的善行被無盡的欲念所毀棄。引導自身釋惡向善，認為「凡不肖從欲者，概由忘死之近，而自許壽修之僥倖耳。若為善者，自許壽不如自許夭矣」〔註82〕，故常念死侯有利於治癒世人迷戀世樂之疾。其三，「以輕財貨功名富貴也」。即否定了世間物質名利的價值，認為「夫物者，非我有也，非我隨也，悉乃借耳，何足戀愛乎？身後人所去所也，彼所無用財為，亦無重財為矣」。這使人站在死亡的角度重新思考人類對待財富的態度，取消人追逐名利的世欲心，「死侯之念導人以明世物之虛實矣。能隨我者，乃我事也，實也。不隨我者，非我事也虛也」。而在利瑪竇看來衡量富有的標準在於「廣有重物、能恒存不受壞者」，符合這一條件的惟有德行，「德不畏水火盜賊，彌久彌固，不相脫離，生死我隨也，此為人之大本業也」。其四，「以攻伐我倨敖心也」，這使人認識到死時，生前所有值得驕傲的事物都不過是場虛幻，死後更沒有價值。故培養自身傲氣對道德修養的提升是沒有幫助的，反而是「諸德之毒液」，故在利瑪竇看來「常念死侯，不俾自昧自爽已矣」。其五，「以不妄畏而安受死也」。通過常念死侯，使得人能擁有正確對待生死的心態，以避免恐懼不安。在天主教看來，生死在於天主之命，人不可自求死，也不可強求生，世人所應當做的，只有備死而不畏死。「夫死侯之念初來以威，次來以慰，卒來以喜也」。世人只有常念死侯，潛心修德，方可解脫生死困擾，「第兢業日慎不敢，輒自居安，輒自居賢，猶恐德未成也。是以孜孜矻矻，惟日不足矣」。〔註83〕

　　總之，對死亡的正確態度使人在有限的生命中擁有更加完美、純潔的道德生活。這與儒家觀念有著明顯的差異，儒家著眼於人的現世的無限性，並盡力維持，甚至死後也要「特求堅厚棺槨、卜吉宅兆」，以求得死後也能享盡如同生前的榮華。利瑪竇站在天主教立場，對此是持批判態度的，並對儒家厚葬之風予以否定，認為人所追求的在於人魂之神的不朽與死後審判。故世人預備死侯的正確方法在於達到三和，即「和於主、和於人、和於己」：

> 夫善備死侯者，萬法總在三和。三和者，和於天，和於人，和
> 於己是也。得罪於天，無所逃，不從而禱於天，孰禱乎？繫在此則

〔註82〕利瑪竇：《畸人十篇》，朱維錚主編：《利瑪竇中文著譯集》，上海：復旦大學出版社，2007年，第450頁。

〔註83〕利瑪竇：《畸人十篇》，朱維錚主編：《利瑪竇中文著譯集》，上海：復旦大學出版社，2007年，第455～461頁。

祈解亦在此矣。即復勤詢天主所貼至教，習其情，悔責吾前非，立
心於守聖戒，以息天怒，以致其寵，此以和天也。吾藏人非義財物，
即還之其人；嘗謟謗人玷缺其名行，即以真實語獎許之，復成立之，
嘗與人交爭，敎狠有仇，即恕宥和睦好待之。此以和人也。凡有以
酒色自污篾本身，以醜念邪情亂熒心靈，即時洗滌，新新修善，志
歸道體。或有誘感我於非義，遠離廢之，勿惜此。以和己也。〔註84〕

故達到三者和諧，則常念死侯能，使人擁有良好的道德典範，以有益於世道
人心。而這在表面上與儒家所講求的與萬物合於一體相似，但利瑪竇的出發
點在於來世審判說，即死後接受天主的賞罰，這與儒家生生觀念是絕不相同
的。

利瑪竇將中國人所罕言的生死問題介紹到中國，自然引起中國士人的關
注。在正統儒家學者看來，這是有悖於孔孟之道的，並且有害於世道人心。
黃貞作為明後期反對天主教甚力的士人，對儒家以「仁義」為核心的生死觀
做了闡述，認為天主教將生看做虛化，死視為虛死，則生死都會受妄念的支
配，「妖夷不知真體所在，心惟主是逐，不嫌盡此生而媚之，則生也為抱妄想，
生是虛生；志惟天堂是惑，不難捨此生而求之，則死也為抱妄想，死是虛死，
生死皆欲也。夫吾人之生死，大事也。妖夷與孔孟理欲相背如此，矧其它乎」
〔註85〕。而黃貞對待生死的態度在於「齊其生，超生死」，其看法代表了儒家
看待生死問題比較純正的觀點，即「通過現實地接受用德性成全帶來的快樂，
而超越生與死的界限」。〔註86〕故在正統儒家學者眼中，利瑪竇的「常念死侯」
的死亡學說是與儒家的以仁義為核心、以德性為依據的生生觀念相對立的。

而天主教生死觀的傳入也使得明末部份士人開始反思儒家生死觀的局限
性，並進而質疑儒家人生哲學，轉而有所選擇地吸收天主教生死觀。朱宗元
對中國儒釋道三教的生死觀做了詳細的批判：

稍有明悟，便思身後事大。所以修仙、坐禪，多屬高明。然二
氏雖亦期徹生死，不過隨人腳跟，總屬貿昧，毫無把捉，胥歸淪溺

〔註84〕利瑪竇：《畸人十篇》，朱維錚主編：《利瑪竇中文著譯集》，上海：復旦大學
出版社，2007 年，第 461 頁。

〔註85〕黃貞《尊儒亟鏡》，徐昌治：《破邪集》，香港：宜道出版社，1996 年，第 154
頁。

〔註86〕鄭安德：《明末清初天主教和佛教的護教辯論》，臺北：佛光文化事業有限公
司，2001 年，第 454 頁。

耳。譬如適燕趙者，向南而轅，厥志雖猛，而終不可至。何則？其
向路差也。

　　……生死一事，俗儒存而不論、二氏論而不確。存而不論，則
理何由明；論而不確，則益以滋惑。

　　今將求之《六經》，大旨雖有包蓄，而儒者不知所講明。將求兩
《藏》，抑又渺茫無據，拂理悖情。若是，則將任吾性靈遊移而無定，
喪陷而不顧耶。抑將謂一死之後，無知、無覺，遂渙散而無所歸著
耶。過今不講，將憑此隙駒之歲月，而徐徐以圖耶。〔註87〕

故在朱宗元看來，沒有經過死亡審視的人生是不完整的，儒釋道三家都沒有
系統透徹的生死觀念，而天主教在此點上正好補其不足。在朱宗元看來，天
主教的生死觀與孔孟之道在本質上是相近的，即「人所懼，莫過於死；則所
重，亦莫過於死。豈有極重之事，而可置不講者？孔子教人，即生以知死，
正是深於言死也。且天學亦豈於善生之外，別有一善死法乎？生前之七克、
十誡，即死後之萬福無疆。特孔子使人繇之而不明其報。天學俾人念死，而
愈思善厥生耳」〔註88〕。朱宗元認為世人對待生命的態度正在於利瑪竇所宣
導的「向死而生」，而非為娶妻、生子、營建墳塋等殫精竭慮。「古之至人，
慮及百世，此與吾身，漠不相關，不以為遠；死則人人不免，或即旦暮之事，
獨以為遠乎？造物主使人知身之必死，而但不使知其期，正欲人日日備耳。
有備無患，凡事盡然。」〔註89〕可見，朱宗元已經基本由儒家生死觀轉向天
主教教義，天主教的「向死而生」能夠提供傳統儒家思想所無法滿足的人生
願望。

　　由上可見，利瑪竇對天主教生死觀的闡發是與傳統的儒家觀念有明顯的
差異，但這並不影響利瑪竇將之詮釋為對儒家思想的有益補充，並在傳統思
想所未論及之處，彰顯天主教倫理的獨特價值，在一定意義上，附和了明後
期士人階層對生死問題的關注，對明末社會產生了一定影響。

〔註87〕 朱宗元：《拯世略說》，張西平主編：《梵蒂岡圖書館藏明清中西文化交流史文
　　　　獻叢刊》（第 1 輯第 14 冊），鄭州：大象出版社，2014 年，第 207 頁。
〔註88〕 朱宗元：《答問》，張西平主編：《梵蒂岡圖書館藏明清中西文化交流史文獻
　　　　叢刊》（第 1 輯第 25 冊），鄭州：大象出版社，2014 年，第 580 頁。
〔註89〕 朱宗元：《答客問》，張西平主編：《梵蒂岡圖書館藏明清中西文化交流史文獻
　　　　叢刊》（第 1 輯第 25 冊），鄭州：大象出版社，2014 年，第 588 頁。

第五節　禮儀的交融

天人關係對中西方哲學來說具有不同的意義，體現了中西方對世界本源的不同看法，也是思考相關問題的出發點。中國講究天人合一、萬物一體，將人的道德倫理投射到上天的意志上，使宇宙整體具有泛道德化的價值取向，而西方講求天人相分，注重對人的價值和知性的探求意義。即使天主教倫理也是受西方古典哲學影響，將天堂和人世分開，由此善惡、天人等就處於對立的位置上，深受這種傳統教育的利瑪竇也概莫能外。來華之後，利瑪竇對東方思維方式表示出強烈的改造傾向，但出於傳教策略的考慮，又不能明顯反對儒家的理念。故利瑪竇在補儒、超儒的選擇上，更傾向於原始儒家思想，對宋明後儒有著顯示出批判的色彩，而這也符合晚明開放文化氛圍的需求。

一、寬容中國禮儀

（一）祭天

利瑪竇試圖調和天主教神學與儒家思想，首先所面對的是將天主教的「Deus」這一核心神學概念轉譯到中國，而又不至於讓中國人感到陌生，這也是耶穌會海外傳教所面臨的共同問題。據戚印平考察，最早將「天主」「天道」等漢字用來指稱「Deus」的是日本耶穌會士，而當時正值范禮安視察遠東教務時期，這一背景似乎對中國耶穌會士做出同樣的譯名選擇有影響。〔註90〕故在利瑪竇與羅明堅合編的第一部傳教書籍《新編西竺國天主實錄》中，就廣泛採用了「天主」這一稱呼，但由於該書整體上語言欠成熟和佛教色彩濃厚，而未加採用。隨著利瑪竇在華傳教的深入，對中國典籍文化越加精熟，尤其在韶州期間，利瑪竇更是加緊向儒家文化的靠攏，對之前具有明顯佛教傾向的要理書重新加以編訂。經與中國士人多方討論，1604 年在北京出版，這確立了通過附會儒家經典文獻來論證「Deus」的存在，以加強中國人士對原始儒家宗教傾向的認同。

利瑪竇認爲原始儒家是具有一神論宗教傾向的，在這一點上和天主教不存在衝突的地方，並從儒基典籍中選取 11 項證據來論證「吾天主，乃古經書所稱上帝也」〔註91〕：

〔註90〕戚印平：《遠東耶穌會史研究》，北京：中華書局，2007 年，第 142 頁。

〔註91〕利瑪竇：《天主實義》，朱維錚主編：《利瑪竇中文著譯集》，上海：復旦大學出版社，2007 年，第 21 頁。

《中庸》引孔子曰：「郊社之禮，以事上帝也。」朱注曰：「不言后土者，省文也。」竊意仲尼明一之以不可爲二，何獨省文乎？《周頌》曰：「執競武王，無競維烈，不顯成康，上帝是皇」；又曰「於皇來牟，將受厥明，明昭上帝」。《商頌》云「聖敬日躋，昭假遲遲，上帝是祗。」《雅》云「維此文王，小心翼翼，昭事上帝」。《易》曰「帝出乎震」。夫帝也者，非天之謂。蒼天者抱八方，何能出於一乎？《禮》云「五者備當，上帝其饗」，又云「天子親耕，粢盛秬鬯，以事上帝」。《湯誓》曰「夏氏有罪，予畏上帝，不敢不正」，又曰「惟皇上帝降衷於下民，若有恆性，克綏厥猷惟後。」《金滕》周公曰「乃命於帝庭，敷祐四方」，上帝有庭，則不以蒼天爲上帝，可知。

最後，利瑪竇得出結論「歷觀古書，而知上帝與天主特異以名也」。而仔細對照利瑪竇的解釋，可見，利瑪竇對古經書的解釋，是站在對天主教有利的立場上而言的。如《中庸》引文，本義在於古代祭祀的中，天和地是不可分開的，二者難分孰先孰後、孰大孰小的。在利瑪竇看來，天主是唯一獨尊的，故捨棄朱熹的注疏不談，直言「仲尼明一之，以不可爲二，何獨省文乎」，如此解釋顯然是證明天主獨一無二，超越了儒家經典的原義。又如在《周易》「帝出乎震」的解釋中，此句原文是「帝出乎震，齊乎巽，相見乎離，致役乎坤，說言乎兌，戰乎乾，勞乎坎，成言乎艮」。對此句的解釋歷來眾說紛壇，而宋儒邵雍據此確定八卦方位圖，並爲朱熹所繼承。利瑪竇則出於對天主不生不滅的立場，做了合乎天主教的解釋。經過利瑪竇的重新詮釋，原始儒學就擁有了宗教的意蘊。

但若僅僅到此爲止是具有危險性的，這意味著中國人只要認同儒家原典就可以了，天主教則是多此一舉的。故利瑪竇對原始儒學也做了一定的批判，這尤其表現在對「地」觀念的否定上。「地」在古經中具有形而上的積極意義，如《周易》言：「地勢坤，君子以厚德載物」，這裡用地德形容君子的胸懷廣大。而利瑪竇則認爲：「上天既未可爲尊，況於下地，乃眾足所踏踐，污穢歸富，安有可尊之勢？」可見利瑪竇對「地」的積極意義是堅決否認的。不僅如此，利瑪竇反對中國士人以有形之天來認識天主，認爲中士「以目可視爲有，以目不能視爲無，故但知事有色之天地，不復知有天地之主也」。在此基礎上，利瑪竇基於唯實論的立場，指出：「君子如或稱天地，是語法耳。譬若，知府縣者，以所屬府縣之名爲己稱：南昌太守，稱謂南昌府；南昌縣大尹，

稱謂南昌縣。比此，天地之主，或稱謂天地焉。非其以天地為體也，有原主在也。吾恐人誤認此物之原主，而實謂之天主。」〔註92〕顯然，對中國天、地觀念的解釋已經超出了原義。

此外，利瑪竇進一步指出天主教的「補儒」作用。利瑪竇認為儘管原始儒學具有宗教含義，但這種傳統早已丟失，需要借助天主教來恢復原始儒家一神教信仰。對中國原始宗教傳統丟失的原因，利瑪竇將之歸結為兩點：其一為「秦火說」，其二為佛教惑世說。利瑪竇聲稱：「聖人傳教，視世之能載，故有數傳不盡者。又或有面語，而未悉錄於冊者。或已錄，而後失者。或後頑史不信，因削去之者。況事物之文，時有換易，不可以無其文即云無其事也。今儒之謬攻古書，不可勝言焉。急乎文，緩乎意，故今之文雖隆，今之行實衰。」〔註93〕這樣使天主教堂而皇之地就具有了補儒之正當性。

利瑪竇這一「天即天主」的詮釋路徑，在之後被繼承，成為龐迪我、高一志、艾儒略等一貫的解釋策略，不僅如此，護教人士楊廷筠、嚴謨等人也在其著作中借儒家經典證明天主在原始儒學中就已經存在。

但這種言說也得到持守華夏中心主義的學者質疑。「天」在傳統社會語境中，具有三重含義，即如明末鍾始聲所言：

> 吾儒所謂天者有三焉：一者，望而蒼蒼之天。所謂昭昭之多，及其無窮者是也。二者，統御世間主善罰惡之天，即《詩》、《易》、《中庸》所稱上帝是也。彼惟知此而已。此之天帝，但治世而非生世，譬如帝王但治民而非生民也。乃謬計為生人、生物之主，則大繆矣。三者，本有靈明之性，無始無終、不生不滅，名之為天。
> 〔註94〕

可見，「天」在當時知識結構中含有三義，即自然之天，宗教意義上的人格神以及後世所謂的天命。鍾始聲站在宋明理學的角度，對利瑪竇附會古代人格神意義的「天」持反對態度，而認同具有德行內涵的「天命」，認為：

> 天非蒼蒼之天，亦非上帝之天也；命非諄諄之命，亦非賦畀之

〔註92〕利瑪竇：《天主實義》，朱維錚主編：《利瑪竇中文著譯集》，上海：復旦大學出版社，2007年，第22頁。

〔註93〕利瑪竇：《天主實義》，朱維錚主編：《利瑪竇中文著譯集》，上海：復旦大學出版社，2007年，第68頁。

〔註94〕鍾始聲：《辟邪集》，吳相湘主編：《天主教東傳文獻續編》，臺北：學生書局，1966年，第930頁。

解也。孔子曰：「五十而知天命。」正深證此本性耳。亦謂之中，故
曰：「喜怒哀樂之未發，謂之中。」「中也者，天下之大本也。」亦
謂之易，故曰：「易，無思也，無爲也，寂然不動，感而遂通天下之
故。」亦謂之良知，故曰：「知至而後意誠。」亦謂之不睹不聞，亦
謂之獨，故曰：「戒愼乎其所不睹，恐懼乎其所不聞，君子必愼其獨。」
即孔子所言「畏天命」也。亦謂之心，故曰：「學問之道無他，求其
放心而已矣。」亦謂之己，故曰：「君子求諸己。爲仁由己，而由人
乎哉？」亦謂之我，故曰：「萬物皆備於我矣。」亦謂之誠，故曰：
「自誠明，謂之性。」「誠者，天之道也。」此眞天地萬物本原，而
實無喜怒、無造作、無賞罰、無聲臭，但此天然性德之中，法爾具
足理氣體用。〔註95〕

鍾始聲借用儒家道德意義上的「天命」反對人格神的「天」、「上帝」。這與商
周之際天命含義的轉換有異曲同工之妙，也顯示了中國傳統價值觀的人文取
向。

　　此外，即使是附會古義中的「天」、「上帝」，也是有明顯差異的。在夏
商時代的「上帝」，儘管具有人格神的含義，但與西方「天主」有著本質區
別。夏商的「上帝」只具有管理者的角色，不屬於創生者，並且祭祀上帝
專指祭祀祖先之意。周初「天」取代商代的「上帝」觀念，更突出敬德保
民的一面，宗教的意義減弱，人格化、德性化色彩濃厚。在春秋大變革的
時代，「天」的宿命、命運的一面凸顯。直到孔子對「天」重新定位，才最
終確定了「天」的君子德性的內涵。劉耕華先生將之視爲劃時代的變革，
認爲其含義在於：

　　　　一是天命的内涵發生了，即由天命國運而變成了天命德性；二
　　是天命的對象發生了變化，即由天命宗族而變成了天命個人，從而
　　使以追求個人人格境界爲目標的道德實踐生活被確立下來了；三是
　　個人的道德訴求要與國家治理的政治目標結合起來，即個人的道德
　　生活要發揮治國安民的政治作用，這一點，繼承並弘揚了由周公等
　　發軔的「憂患意識」；四是把天命視爲個人道德追求的終極依據，也
　　就是說，天命觀屬於孔子的思想體系中的本體論層面；五是在時行

〔註95〕　鍾始聲：《辟邪集》，吳相湘主編：《天主教東傳文獻續編》，臺北：學生書局，
　　　　1966 年，第 931 頁。

物生、萬物流行變化之中見出天命之道，以個人之道德生命對其做
出應接迴響，從而將人道與天道一脈貫通。〔註96〕

由此可見，在之後的中國歷代天命的道德、政治功能凸顯，即如鍾始聲等人
所認爲的「此天然性德之中，法爾具足理氣體用」。而利瑪竇將此義加以改造，
以西方「天主」附會中國具有人格神意義的「天」、「上帝」，對中國的「天」
做出了新的詮釋，即將本來模糊不清的作爲宰的「天」，置換成全知全能、
生化萬物的「天主」。

但當利瑪竇試圖對西方人士介紹中國的祭天儀式時，則明顯地否定了其
原有的宗教含義，只認同祭天所具有的政治、道德含義，以緩解西方歐洲中
心主義者對祭天的反對：

雖然這些被稱爲儒家的人的確承認有一位最高的神，他們卻並
不建造崇奉他的聖殿。沒有專門用來崇拜這位神的地方，因此也沒
有僧侶或祭司來主持祭祀。我們沒有發現大家必須遵守的任何特殊
禮儀，或必須遵循的戒律，或任何最高的權威來解釋或頒佈教規以
及懲罰破壞有關至高存在者的教規的人。也沒有任何念或唱的公眾
或私人的禱詞或頌歌用來崇拜這位最高的神祗。祭祀這位最高神和
奉獻犧牲是皇帝陛下的專職。情形確實是如此，以致如果有人僭越
這一權利而自己獻祭的話，他就被當作侵犯皇帝的職責並作爲公敵
而享受到嚴懲。〔註97〕

可見，利瑪竇對「天「的詮釋是帶有策略性的，在對先儒之「天」附會的同
時，也強調後儒的祭天不具備西方意義上宗教功能。但利瑪竇的最終意圖不
僅僅對原始經典只做「似非而是」的解讀，更含有「似是而非」的超儒意蘊。

（二）祭祖

在孝祠問題上，傳教士面臨著最大的挑戰在於祭祖問題。祭祖在中國
宗法社會中佔有重要的地位，其內涵在於以孝爲核心的儒家倫理的「禮」。
早在殷商時代，祭祖尚有一定的宗教含義，到周初，人們仍然認爲祖先能
對後代降禍賜福，故祭祖是必需的祭禮。到周末春秋之際，隨著人的價值

〔註96〕劉耕華：《詮釋的圓環：明末清初傳教士對儒家經典的解釋及其本土回應》，
北京大學出版社，2005年，第172頁。

〔註97〕利瑪竇、金尼閣：《利瑪竇中國札記》，何高濟、王遵仲、李申譯，北京：中
華書局，1983年，第102頁。

逐漸受到肯定，祭祖的宗教意味開始減弱，轉化爲一種思慕之情的世俗倫理。孔子對孝的解釋是：「生，事之以禮；死，葬之以禮，祭之以禮。」〔註98〕將孝納入到了對禮的遵從上，具有世俗的道德規範內涵。孟子也言：「養生者不足以當大事，惟送死可以當大事。」〔註99〕可見中國的祭祖禮儀中含有教育現世人們行孝道的含義。荀子更是否定祭祖的宗教性，認爲「祭者，志意思慕之情也」。在這裡，基本是從世俗倫理角度出發來考慮祭祖內涵的。但荀子對祭祖的規定顯然有著禮俗之別，認爲「其在君子，以爲人道也；其在百姓，以爲鬼事也」。故在荀子看來，祭祖活動在民間尚隱含著宗教意味。

　　而這對於歐洲傳教士而言，是不容易察覺這種禮俗之分，甚至忽視了祭祖的歷史內涵，他們只能看到祭祖儀式的表面，上至皇帝下到百姓，無一例外在祭祖儀式中，在代表著祖先的牌位前放上貢品，還要焚香燒紙，對正統天主教理而言這就是偶像崇拜，是迷信的做法，必須予以摒棄。利瑪竇不爲這種教條所限，在對待這種關乎中國人的重要祭禮中，巧妙地將祭祖儀式的宗教性加以淡化，而這也符合士大夫上層人士對祭祖的倫理性認同。利瑪竇對祭祖儀式有其基本的看法：

> 信奉儒教的人，上至皇帝下至最低階層，最普遍舉行的是我們所描述的每年祭祀亡靈的儀式。據他們自己說，他們認爲這種儀式是向已故的祖先表示崇敬，正如在祖先生前要受崇敬一樣。他們並不眞正相信死者確實需要擺在他們墓前的貢品；但是他們說他們之所以遵守這個擺供的習俗，是因爲這似乎是對他們已故的親人表示自己的深情的最好的辦法。的確，很多人都斷言這種禮儀的最初創立與其說是爲了死者，倒不如說是爲了生者的好處。他們這樣做是希望孩子們以及沒有讀過書的成年人，看到受過教育的名流對於死去的父母都如此崇敬，就能學會也尊敬和供養自己在世的父母。這種在死者墓前上供的做法似乎不能指責爲瀆神，而且也許並不帶有迷信的色彩，因爲他們在任何方面都不把自己的祖先當做神，也並

〔註98〕《論語》卷二：爲政，何晏注，邢昺疏：《十三經注疏》，北京大學出版社，2000 年，第 17 頁。

〔註99〕《孟子》卷七：離婁，趙岐注，孫奭疏：《十三經注疏》，北京大學出版社，2000 年，第 260 頁。

不向祖先祈求什麼或希望得到什麼。然而，對於已經接受基督教的
教導的人，如果以救貧濟苦和追求靈魂的得救來代替這種習俗，那
就似乎更要好得多。〔註100〕

可見，在利瑪竇多年觀察之後，認識到在中國祭祖禮儀中，並不包含西方
宗教所具備的祈禱、教團等宗教元素，反而為中國儒學所具有的人文主義
傾向頗感欣慰，這也使他確信容儒的必要性。利瑪竇尊重中國風俗的做法，
減少了首次進入中國後所遭受到的障礙和困難，並被康熙皇帝奉為「利瑪
竇規矩」。這不僅僅是利瑪竇對耶穌會基督教人文主義路線的繼承，更是出
於對適應中國人文環境的考慮。在進入北京後，他為中國傳教團制定了對
待中國禮儀的決定性檔，在該檔中利瑪竇提出：遵守中國傳統的尊孔禮儀，
並認為「中國人祭奠祖宗的儀式『大概』不是迷信，因為這些儀式並不能
視為有明顯的迷信色彩，而更明顯的倒是有排除這種迷信觀念的成分」〔註
101〕。利瑪竇的這個決定，奠定了明後期傳教士對待中國祭祀儀式的總的
策略。但同時也應該看到，這只是有限的妥協，當在祭祀禮儀中表現出明
顯的迷信成分時，利瑪竇總是對此加以限制，使中國祭祀禮儀更符合天主
教的規範。正如張國剛先生所言：「利瑪竇對禮儀採取溫和態度也反映了他
的策略性態度，他不僅認識到解決禮儀問題是推進福音進步的重要步驟，
也知道與中國社會的權力意志適當妥協遠勝於簡單對抗，所以他補充說既
然帝國法律要求執行這些禮儀，基督徒就可以參加。利瑪竇清楚感到傳教
區的未來成敗難料，基督教所要避免的是在植入中國文明的過程中不被污
蔑為完全是外國輸入的東西」。〔註102〕

利瑪竇之後，關於祭祖、祭孔、祭天的禮儀問題，在耶穌會內部遭到
質疑，龍華民和熊三拔等人認為，祭祖等儀式包含有偶像崇拜的色彩，但
龐迪我、王豐肅等人則堅持利瑪竇的立場，並佔據了主流地位，保證了利
瑪竇的適應政策順利施行。在龐迪我看來，對祖先的祭祀活動，單純是一
種社會習俗或政治行為，而不能看做是偶像崇拜，因此在祭祖問題上，並

〔註100〕利瑪竇、金尼閣：《利瑪竇中國札記》，何高濟、王遵仲、李申譯，北京：中
華書局，1983 年，第 103 頁。
〔註101〕【美】蘇爾、諾爾：《中國禮儀之爭西文文獻一百篇》，沈保義等譯，上海：
上海古籍出版社，2001 年，第 3 頁。
〔註102〕張國剛：《從中西初識到禮儀之爭：明清傳教士與中西文化交流》，北京：人
民出版社，2003 年，第 406 頁。

不禁止信徒參加祭祖活動。不僅如此，「由於龐迪我把中國民間的祭祖活動看成是世人對死者感懷之情的表現，以及他理解到在中國人為親人辦理喪事的整個過程中，滲透著生者與死者之間的濃厚的感情因素，因此在龐迪我以北京會院代理監督的名義主持利瑪竇的葬禮時，他非但不迴避中國通常葬禮的儀軌外，還穿插進一些中國喪葬的儀禮，使懷念利瑪竇的中國教民有表達自己感情的機會」〔註103〕。龐迪我等人的態度在嘉定會議上也獲得多數教士的肯定，即使耶穌會內部反對人士，也在實際傳教活動中，注重教民的祭祖情感。隨著1630年，方濟各會士和多明我會士進入中國，尤其在民間信仰十分盛行的福建地區傳教，紛紛將福建民間的祭祖儀式視為迷信，並將反對意見帶往羅馬教廷裁決，這就使得耶穌會內部的祭禮之爭，擴大為修會之間的神學和利益之爭。到康熙年間，這場關乎東西方文化交流的爭論已經越出了文化的範圍，上升為教廷與清廷之間的政治和意識形態之爭，使中西文化交流一度陷入低潮。禮儀之爭之後，羅馬教廷始終沒有承認中國祭祖的合法性，直到1936年，羅馬教廷才重新肯定了利瑪竇在祭祖等問題上的靈活性，取消了中國教民禁止祭祖的禁令，這充分體現出利瑪竇在祭祖問題上的遠見。

當時中國士人階層對此則是反映不一。嚴守華夏中心主義的士人，對利瑪竇等傳教士在祭祖問題上的寬容性自然也是難以接受，並從中看出利瑪竇表面合儒，實則超儒的意圖，這在心理上不為士人階層所容。沈㴶對南京傳教士在祭祖問題上的排斥立場表示反對，認為「今彼直勸人不祭祀祖先，是教之不孝也」，若聽之任之，則「率天下而無父子」。〔註104〕許大受對此有更深入的批判，認為傳教士遠來中土，是忘本之舉，並且將祭祖與敬拜天主並行，是無視中國祭祖風俗的行為：

> 木本水源，惟夷不念。以故夷之初入，實教人皆不祀先。厥後被劾，又變其說。而今民間父祖，得與天主並廟。彼若諱言前非，而云宜祀先者，何稱彼之親死，皆不卜宅兆？見形家言，則非笑之，舉而委之荒丘乎？又何為彼在我中國多年，曾不攜其先夷之一主乎？彼若言，宜與天主並廟者，則不王不禘。從古有一定之大分，

〔註103〕張鎧：《龐迪我與中國》，鄭州：大象出版社，2009年，第226頁。

〔註104〕沈□：《參遠夷疏》，見徐昌治：《破邪集》，香港：宜道出版社，1996年，第61頁。

> 況彼所稱之天主，又在圓丘方澤以上。從來主神器者所未曾垮，而
> 輒敢以庶人躋祀，奚取於三家之堂？〔註105〕

由此可見，對於文化觀念保守的士人而言，無論傳教士對祭祖問題是調適還
是避讓，都難以改變破壞中國祭祀傳統的本質。但對於入教士人而言，對祭
祖的態度是耐人尋味的。以朱宗元爲例，朱宗元一反當時士人對祭祖的態度，
對其中包含的對先祖的孝敬與思念的情感表示贊同，認爲「此仁人、孝子之
用心，禮之至情之盡也」、「惟孝子追慕迫切之心，儼然若見耳」〔註106〕。進
而朱宗元認爲祭祖對有位者和庶人是有極大差別的：

> 試觀苾苾芬芬。一奠之後，總入生人口腹，奚會沾及先人，特
> 以子孫事死如生，事亡如存，捨此籩豆大房，亦無以爲展敬致孝之
> 地；而又不容朝夕羞行，竟垮於生人之事，則祀蒸嘗，互舉於四時
> 之祭焉。然世遠則情絕，故親盡則祧，非始祖與有功之宗，亦不復
> 祭，此猶就有位者言也。若庶人原不立廟，祭墓而已。〔註107〕

所以，在朱宗元看來，祭禮是因義而起的，不僅祭祖，其餘像墓祭、生死忌
日乃至冠婚之祭、設像之祭等都是可以接受的，而這顯然超出了傳教士可能
接受的不越過偶像崇拜的邊界，顯示出作爲中國語境的士人對自身文化的自
信與包容。

但朱宗元也深受傳教士影響，嚴格排除祭祖儀式中摻雜的迷信成分。受
傳教士影響，朱宗元認爲先儒的祭祖活動是合乎規範的，只是由於佛教的傳
入，加之閻羅等邪說流行，違背了先儒的祭祖孝親的意旨。朱宗元主張對此
等邪說加以禁絕：

> 此等妖妄不根，吾儒所宜禁絕。昔之伊洛關閩，原籠斥而不用。即
> 今縉紳大夫之家，亦有屢世相承，終不信行佛法者。世俗不以致敬致恪，
> 仰答先王祀典爲是，反以不追薦焚楮爲非，此不過異端之語，誠無足怪，
> 獨儒其冠服者，亦從而附會之，此豈名教中所宜然乎。〔註108〕

〔註105〕許大受：《聖朝佐闢》，見徐昌治：《破邪集》，香港：宜道出版社，1996年，
　　　　第209～210頁。
〔註106〕朱宗元：《答客問》，張西平主編：《梵蒂岡圖書館藏明清中西文化交流史文獻
　　　　叢刊》（第1輯第25冊），鄭州：大象出版社，2014年，第595頁。
〔註107〕朱宗元：《拯世略說》，張西平主編：《梵蒂岡圖書館藏明清中西文化交流史文
　　　　獻叢刊》（第1輯第14冊），鄭州：大象出版社，2014年，第285頁。
〔註108〕朱宗元：《拯世略說》，張西平主編：《梵蒂岡圖書館藏明清中西文化交流史文
　　　　獻叢刊》（第1輯第14冊），鄭州：大象出版社，2014年，第286頁。

朱宗元大加批判楮錢在祭祖中的危害，認爲楮錢不僅對死者無益，用假錢欺人，賄賂神靈是行不通的，更是站在反佛角度，認爲「此佛氏咕語，拂物理、亂大道，欺禽獸可也，罔人可乎」。進而，對祭祖的思孝之含義，用天主教教義調適儒家孝道，即「祀先者報也，非祈也，蓋爲人後者只孝思也，非供已死者之需也」。可見，在祭祖問題上，朱宗元體現出更大的靈活性，既遵守了天主教觀念，又不失中國傳統孝親之意，並且，在對待邪說上，更符合士人的傳統正邪之分的立場。

（三）祭孔

關於利瑪竇對祭孔的態度，利瑪竇原著有段話最能說明：

> 大家都把他看爲世界上最大的聖人尊敬。實際上，他所說的，和他的生活態度，絕不遜於我們古代的哲學家；許多西方哲學家無法與他相提並論。故此他所說的或所寫的，沒有一個中國人不奉爲金科玉律；知道現在，所有的帝王都尊敬孔子，並感激他留下的道學遺產。他的後代子孫一直受人尊重；他的後嗣族長享有帝王賜的官銜厚祿及各種特權。除此之外，在每一城市和學宮，都有一座極爲壯觀的孔子廟，廟中置孔像及封號；每月初及月圓，及一年的四個節日，文人學子都向他獻一種祭祀，向他獻香，獻太牢，但他們並不認爲孔子是神，也不向他求什麼恩惠。所以不能說是正式的祭祀。〔註109〕

史省三認爲金尼閣將這一段話刪掉了，但仔細比照兩版本，這是對金尼閣的誤解。根據第十章對孔廟祭祀的描述，可見這裡有重複，金尼閣對多餘的文字做了刪訂是基於編纂的考慮，是可以理解的：

> 儒教的真正神殿是孔子廟。按法律規定，每一城市都在學宮建立一座孔廟，與提學之公館相連接，相當華麗，提學是管理和督導秀才的。在大廟的正位有孔子像或他的牌位；牌位是一塊木板，用金字寫上他的名號。在孔子兩邊是他徒弟們的像或牌位；大家認爲他的徒弟們也都是聖人。每月之月初及月圓，當地官員與秀才們都到孔廟行禮，叩叩頭，燃蠟燭，在祭壇前面的大香爐中焚香。在孔子誕辰，及一年的某些季節，則以極隆重的禮節，向他獻死動物及

〔註109〕利瑪竇：《利瑪竇中國傳教史》，劉俊餘、王玉川譯，臺北：光啓出版社，1986年，第 24 頁。

其它食物，爲感謝他在書中傳下來的崇高學說，使這些人能得到功
名和官職；他們並不念什麼祈禱文，也不向孔子求什麼，就像祭祖
時一樣。〔註110〕

而事實上，金尼閣儘管刪掉了重複的部份，但對關鍵的祭孔態度卻保留下來，
即「他卻從未像神那樣受到宗教式的崇拜」〔註111〕。可見，在祭孔問題上，
金尼閣基本忠實地繼承了利瑪竇的思想。

　　利瑪竇鑒於儒家學說的主導地位，對孔子的評價是小心翼翼的，按照上
文提到的，儘管中國在孔子時代沒有受過天主教的影響，但是在義理上是可
以媲美的，甚至超出了西方哲學家。這體現了利瑪竇對儒家文化的尊重，同
時也提醒當時的西方人，中國有著悠久的文化，有著自成體系的理性法則，
而不要將祭孔視爲拜偶像的非理性行爲，這對當時中西文化關係產生了重要
影響。儘管利瑪竇去世後，龍華民等質疑祭孔的拜偶像成分，但利瑪竇的基
本原則仍被保留了下來，且在歷次宗教會議上得到了大多數傳教士的認可。

　　儘管如此，仍然遭到部份中國士人的誤解，這涉及到孔子靈魂歸屬問題。
在天主教未傳入中國之前，孔子等聖人是否曾獲得救贖？許大受質疑說：「民
之登天堂者每每有之，而孔子反墮地獄，視孔子何罪？判汝輩同在此中，自
視又何倨歟？」〔註112〕而事實上，利瑪竇是認同孔子能夠憑藉自然理性得到
獲救，只是出於謹愼考慮，沒有公開表明態度。不僅如此，利瑪竇對中西聖
人觀有比較包容的看法，認爲孔子的價值在人事，「以賞罰之公，治世而世治，
儒者可致」〔註113〕。

　　因此，明後期利瑪竇開啓的儒耶之爭，儘管在諸多方面仍存在相異之處，
但並沒有阻礙雙方相互認知。利瑪竇通過對儒學的讓步，在祭祖、祭孔、祭
天等關鍵問題上，認同其中所包含的合理因素，通過倫理化的融合管道，將
雙方所共同具有的文化要素加以整合，化解了中西文化的衝突，爲明後期文
化變革增添了積極因素，產生了重大影響。

〔註110〕利瑪竇：《利瑪竇中國傳教史》，劉俊餘、王玉川譯，臺北：光啓出版社，1986
　　　　年，第86頁。
〔註111〕利瑪竇、金尼閣：《利瑪竇中國札記》，何高濟、王遵仲、李申譯，北京：中
　　　　華書局，1983年，第32頁。
〔註112〕許大受：《聖朝佐闢》，徐昌治：《破邪集》，香港：宜道出版社，1996年，第
　　　　213頁。
〔註113〕利瑪竇：《天主實義》，《利瑪竇中文著譯集》，上海：復旦大學出版社，2007
　　　　年，第95頁。

二、西方禮儀中國化

對於西方禮儀在中國的實踐問題，鐘鳴旦已就喪葬禮的適應問題做了有益的討論，其間也涉及到利瑪竇時代對喪葬禮的態度。但從整體考慮，有必要將西方禮儀分爲宗教性和世俗性的禮儀，以便於進一步分析。

就世俗禮儀而言，利瑪竇做了較大的調整，基本使自身融入到中國社會環境中，例如易服、坐轎、拜帖、參加社交宴會等。宋黎明甚至認爲利瑪竇出於解決酒肉的尷尬而改換儒服的〔註114〕，儘管有誇大之嫌，但飲食的困擾也是存在的，但我們沒必要因此懷疑利瑪竇的修爲和忍辱負重的品質。即使改換儒服後，利瑪竇也不得不改換西方禮俗，「中國人笑我守小齋而仍吃魚。因此目前在周五、周六守小齋，只用蔬菜，不吃魚了。我午餐與晚餐全依照中國的習慣。教會的齋戒日爲我略有不便，因爲這裡盛宴多在晚間舉行，而我們收齋是全天的。幸虧我有一個健康的胃，如吃不消，也只有忍耐了。我只希望能在中國維持著好的聲譽，這樣才能做事，才有成功的一天」〔註115〕。由此可見，利瑪竇在世俗禮儀上的完全順應，是爲了配合宗教禮儀的，兩者之間在實踐中有著不可分割的關係。

對於宗教禮儀，據鐘鳴旦考察，儘管不拘泥於教會的規章制度，早期的喪葬禮仍是按照天主教禮儀嚴格實行的，教徒的葬禮不能和中國葬禮相混淆，這對鞏固和傳播天主教信仰是有利的。但隨著傳教士交往網路的不斷擴大，與中國喪葬禮的交融的機會也越來越多，仍然固守正統禮儀是難以被接受的。〔註116〕這在利瑪竇的葬禮上被充分地體現，儘管當時全國只有二千多教徒，但利瑪竇交往的未入教的上層人士眾多，在參加葬禮上充分考慮了中國風俗的特殊性。例如，利瑪竇的棺材按照中國風俗，在下葬之前被停在教堂將盡一年。送葬時被允許弔唁和念祭文，官方贈送匾額以示悼念等。作爲中國天主教的奠基人，利瑪竇對葬禮正像祭祖一樣，體現出寬容的態度，這爲以後所繼承，對中西方禮儀交融影響深遠。

此外，在彌撒禮儀上，利瑪竇不要求中國信徒脫帽，免除女信徒塗油禮，並請求教廷可以使用漢語舉行瞻禮，而這項要求直到利瑪竇去世後，由金尼

〔註114〕 宋黎明：《神父的新裝——利瑪竇在中國》，南京大學出版社，2011 年，第 263 頁。

〔註115〕 《利瑪竇書信集》，羅漁譯，臺北：光啓出版社，1986 年，第 190 頁。

〔註116〕 鐘鳴旦：《禮儀的交織》，張佳譯，上海古籍出版社，2009 年，第 38 頁。

閣請示教廷才得以允許。在瞻禮節日選取等問題上，也沒有強制執行，而是順應中國習慣。如西方禮儀的舉行是依據主日等神聖日期，而在中國的日曆主要圍繞符合農時的二十四節氣做安排。利瑪竇將西方日曆翻譯成中文，並和中國日曆加以參照，「我已把『額我略曆書』譯為中文，並和中國所用的人陰曆相配合，這樣使中國籍教友們可以看出一年中那些節日是固定的，那些是不固定的，以及中國二十四節氣等。中國曆書每年印刷，要花很多錢；當他們看到我們的曆書簡單又清楚，一目了然，非常驚訝。有些朋友要我把它印刷出來，但我不同意，因為在中國印刷新曆書，有遭罪倡亂之嫌」。〔註117〕可見，利瑪竇對此是相當謹慎的。為方便主日很多教友來望彌撒，「我們每年給他們每家一張瞻禮單，他們就知何日該當望彌撒和教會日了」。〔註118〕而實際上，直到1625年，金尼閣才敢在西安印行了一本附加指示的全本日曆，雖然是一個使用三種語言的版本：中文、拉丁文和敘利亞文。很多宗教禮儀無疑都要做出變通，以適合中國教徒的生活習慣，「在教義問答手冊中，耶穌會教士們早些時候宣佈說十戒中的第三戒是遵守節慶日，甚至還提到所謂的有關主日望彌撒，必須慶祝節日，在主日和節慶日不得工作的教會戒律。然而，在他們傳教的地區，並沒有嚴格貫徹定期望彌撒，周日和節慶日不得工作的規定。一位耶穌會士承認說，對於新皈依的信徒，他要求不太嚴格；他們嘗試逐漸地使新信徒們習慣於懺悔，習慣於只是在重要的節慶日望彌撒」。〔註119〕由此可見，利瑪竇對中國禮儀的尊重和順應，而惟其如此，才能實現西方禮儀在實踐中有效推行。這既體現了利瑪竇在面對異質性文化所做出的靈活調整，也表明中西雙方在諸多問題上，是能夠實現對話和平等相待的，不應只是把文化的異同局限在理論探討上，更要在實踐中把握中西文化融合的最大可能性，以改善由認知局限所帶來的誤解。

〔註117〕《利瑪竇書信集》，羅漁譯，臺北：光啟出版社，1986年，第276頁。
〔註118〕《利瑪竇書信集》，羅漁譯，臺北：光啟出版社，1986年，第384頁。
〔註119〕梅歐金：《天主實義在福建》，《世界時間與東亞時間中的明清變遷》，北京：三聯書店，2009年，第266頁。